Claudia Vosbrink

Mein kreativer ADVENTS-KALENDER

24 Anleitungen und Rezepte

CV

INHALT

LIEBE LESERINNEN UND LESER,

eingekuschelt in weiche Sofadecken, einen wärmenden Tee zur Hand und umringt von weihnachtlich duftender Dekoration und Kerzenschein ist die Adventszeit meine liebste Zeit des Jahres. Wenn es langsam kälter wird, die Bäume ihre Blätter abgeworfen haben und überall Lichterketten zu bestaunen sind, überkommt mich diese kindliche Freude, die nur die Weihnachtszeit hervorrufen kann. Auch ein Adventskalender darf bei mir nicht fehlen – denn was gibt es Schöneres, als jeden Tag im Advent ein Türchen zu öffnen und sich mit etwas überraschen zu lassen?

Dieses Jahr möchte ich euch dazu einladen, den Dezember zu eurem kreativen Monat zu machen. Lasst uns stricken und häkeln, basteln und zeichnen, gestalten und modellieren! Lasst uns von Wolle über Papier und Pappe bis hin zu Holz und Beton mit den verschiedensten Materialien arbeiten und jeden Tag etwas Neues erschaffen!

Alles, was ihr dafür tun müsst, ist umblättern. Taucht ein in diesen wunderbaren Ideenreichtum und macht die diesjährige Adventszeit zu eurer Kreativzeit!

Viel Spaß und fröhliche Weihnachten wünscht euch

eure Claudia

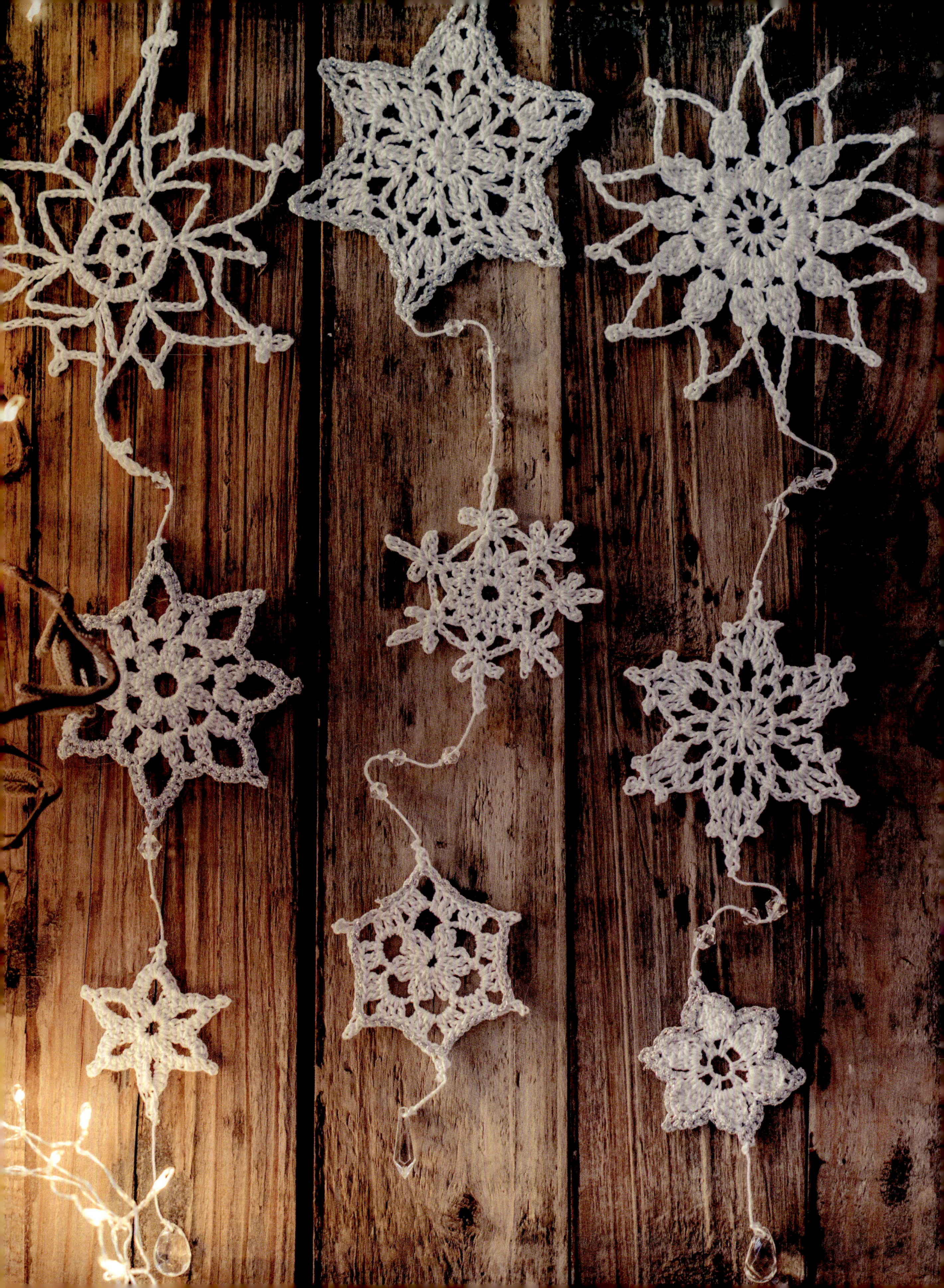

1

SCHNEEFLOCKEN

Größe: 4–11 cm

Material

- Schoeller + Stahl „Manuela No 5" (100 % Baumwolle, Lauflänge 200 m/50 g): 50 g Weiß
- Schoeller + Stahl „Manuela Gold & Silber metallisiert" (85 % Viskose, 15 % metallisierte Faser, Lauflänge 110 m/25 g): 25 g Silber
- Acrylsteine (Prismen), transparent, 18–27 mm
- Facettierte Glasperlen, transparent, 4–8 mm
- Häkelnadel Nr. 2
- Sprühstärke
- Stecknadeln

Muster

Jede Schneeflocke in Runden nach der jeweiligen Häkelschrift arbeiten. Wenn nicht anders angegeben, jede Runde mit 1 Kettmasche zur Runde schließen.

Hinweis: Es werden jeweils die große, mittlere und kleine Schneeflocke mit dem gleichen Buchstaben (von oben nach unten) zu einer kleinen Girlande zusammengesetzt. Die linke Girlande ist A, die mittlere B und die rechte C.

Zeichenerklärung

- • = 1 Luftmasche
- ⌢ = 1 Kettmasche
- I = 1 feste Masche
- T = 1 halbes Stäbchen
- † = 1 Stäbchen
- ‡ = 1 Doppelstäbchen
- △ = 3er-Picot (= 3 Luftmaschen und 1 Kettmasche zurück in die 1. Luftmasche)
- ▲ = 4er-Picot (= 4 Luftmaschen und 1 Kettmasche zurück in die 1. Luftmasche)
- Δ = 5er-Picot (= 5 Luftmaschen und 1 Kettmasche zurück in die 1. Luftmasche)

Laufen die Zeichen unten zusammen, die Maschen in eine Einstichstelle häkeln. Laufen die Zeichen oben zusammen, die Maschen zusammen abmaschen. Laufen die Zeichen oben und unten zusammen, sind sie gerundet gezeichnet.

So wird's gemacht

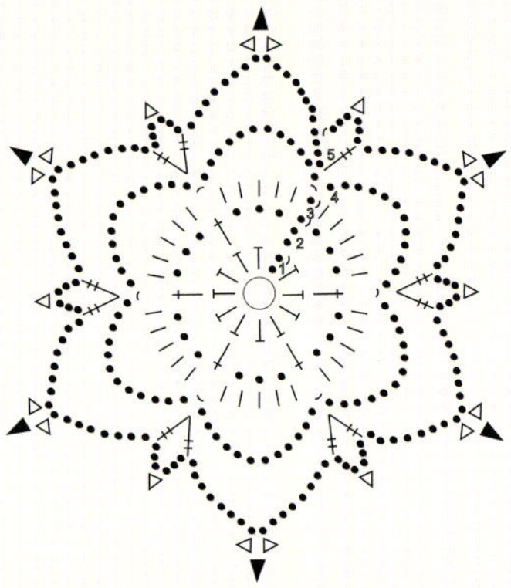

GROẞE SCHNEEFLOCKE A: In Weiß mit einem Fadenring beginnen. Dann laut Häkelschrift die 1.–5. Runde häkeln.

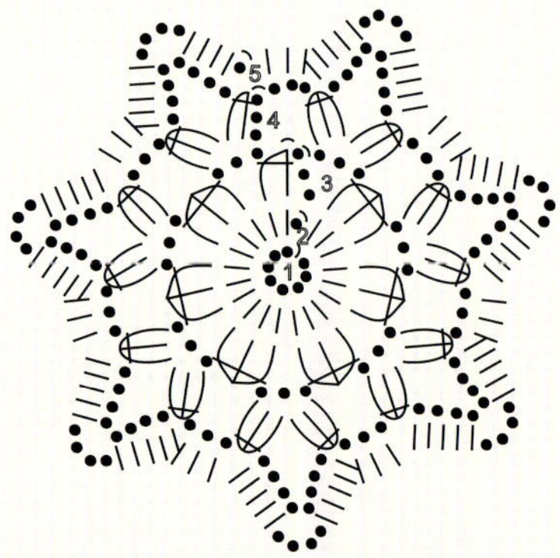

MITTELGROẞE SCHNEEFLOCKE A: In Weiß 8 Luftmaschen anschlagen und mit 1 Kettmasche in die 1. Masche zur Runde schließen. Dann laut Häkelschrift die 2.–4. Runde häkeln, dabei am Ende der 4. Runde die Kettmasche in Silber arbeiten. In Silber die 5. Runde häkeln.

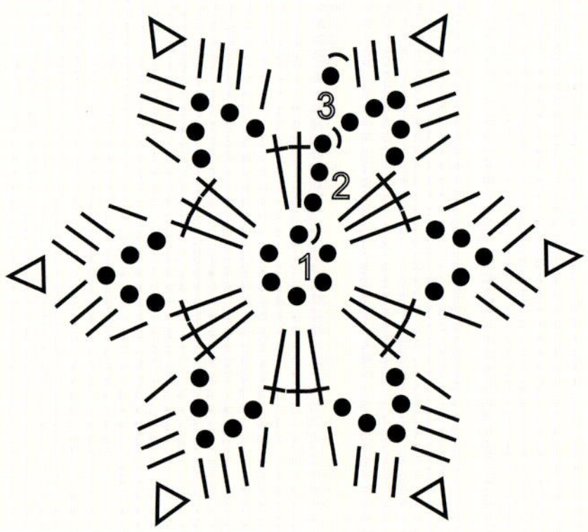

KLEINE SCHNEEFLOCKE A: In Weiß 5 Luftmaschen anschlagen und mit 1 Kettmasche in die 1. Masche zur Runde schließen. Laut Häkelschrift die 2. und 3. Runde häkeln.

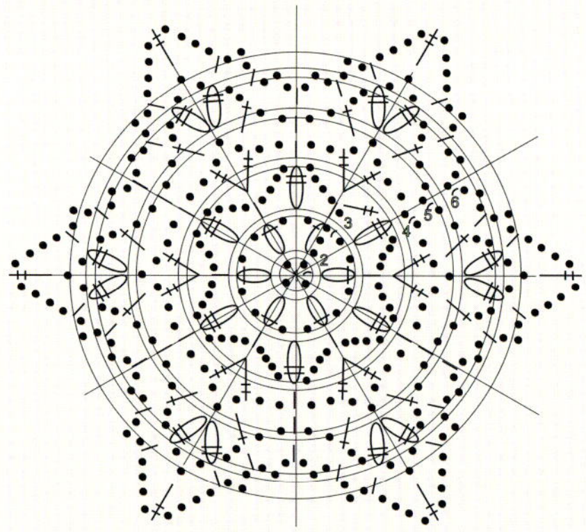

GROẞE SCHNEEFLOCKE B: In Weiß mit 4 Luftmaschen beginnen. Dann laut Häkelschrift die 2.–5. Runde häkeln, dabei am Ende der 5. Runde die Kettmasche in Silber arbeiten. Die 6. Runde dann in Silber häkeln.

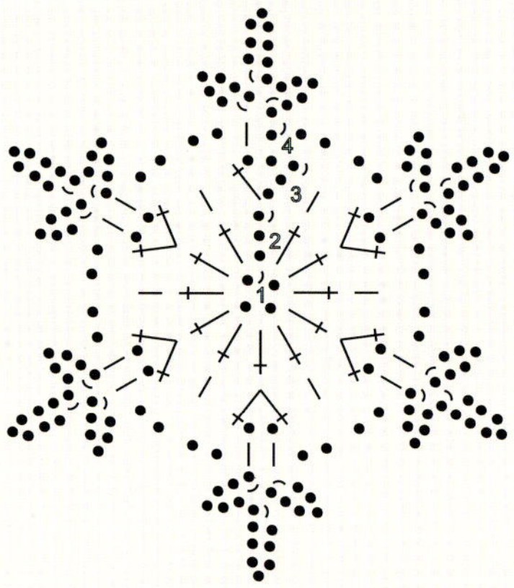

MITTELGROẞE SCHNEEFLOCKE B: In Weiß 4 Luftmaschen anschlagen und mit 1 Kettmasche in die 1. Masche zur Runde schließen. Dann laut Häkelschrift die 2.–4. Runde häkeln.

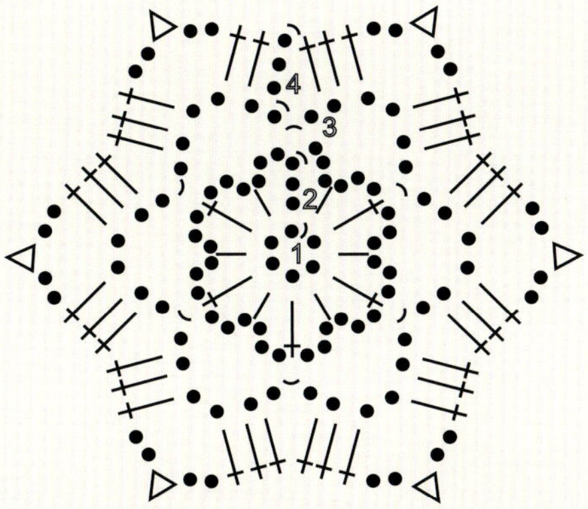

KLEINE SCHNEEFLOCKE B: In Weiß mit 6 Luftmaschen beginnen. Dann laut Häkelschrift die 2.–4. Runde häkeln. In Silber die 4. Runde wie folgt überhäkeln: Am 1. Stäbchen anschlingen, dann alle Stäbchen sowie die 2 Luftmaschen vor und die 2 Luftmaschen nach dem Picot mit Kettmaschen behäkeln, dabei bei den Stäbchen nur in das hintere Maschenglied einstechen und bei den Luftmaschen die oberen 2 Maschenglieder erfassen – die Picots sind dadurch dahinter zu sehen. Mit 1 Kettmasche in die Anschlingmasche zur Runde schließen.

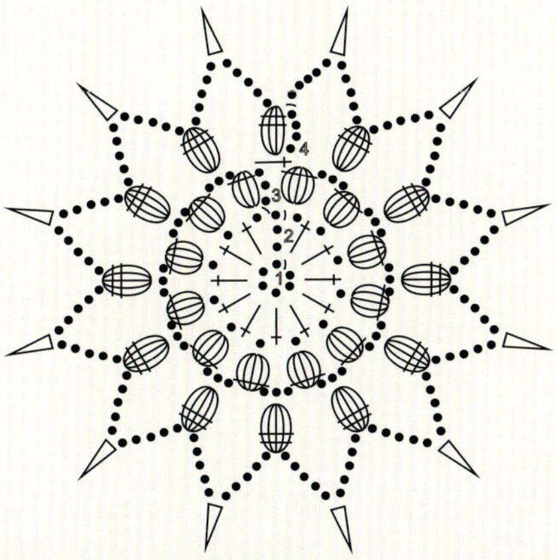

GROßE SCHNEEFLOCKE C: In Weiß 6 Luftmaschen anschlagen und mit 1 Kettmasche in die 1. Masche zur Runde schließen. Dann laut Häkelschrift die 2.–4. Runde häkeln.

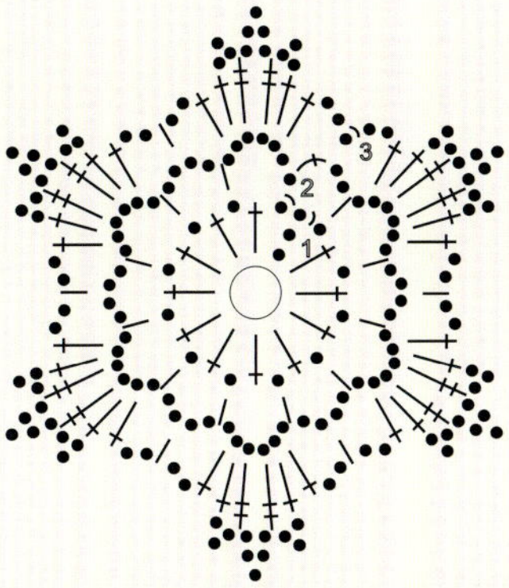

MITTELGROßE SCHNEEFLOCKE C: In Weiß mit einem Fadenring beginnen. Dann laut Häkelschrift die 1.–3. Runde häkeln.

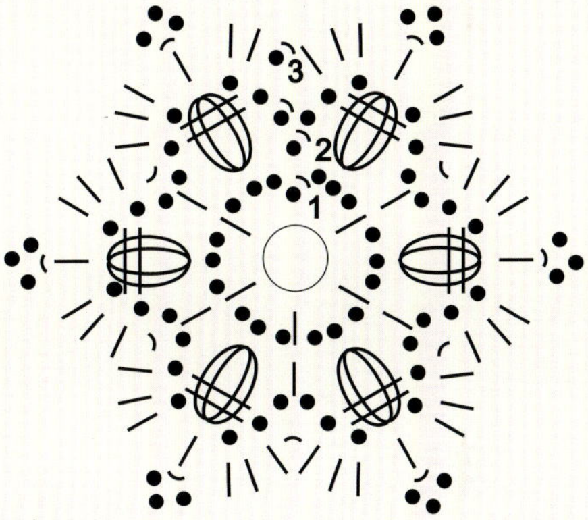

KLEINE SCHNEEFLOCKE C: In Weiß mit einem Fadenring beginnen. Dann laut Häkelschrift die 1. und 2. Runde häkeln, dabei am Ende der 2. Runde die Kettmasche in Silber arbeiten. In Silber die 3. Runde häkeln.

Fertigstellung: Die Schneeflocken mithilfe von Stecknadeln spannen. Gut mit Sprühstärke einsprühen und trocknen lassen. Die Sterne mit unterschiedlich langen Garnfäden verbinden (anknoten) und nach Wunsch Perlen auffädeln; nach jeder Perle einen Knoten machen, damit sie nicht verrutscht.

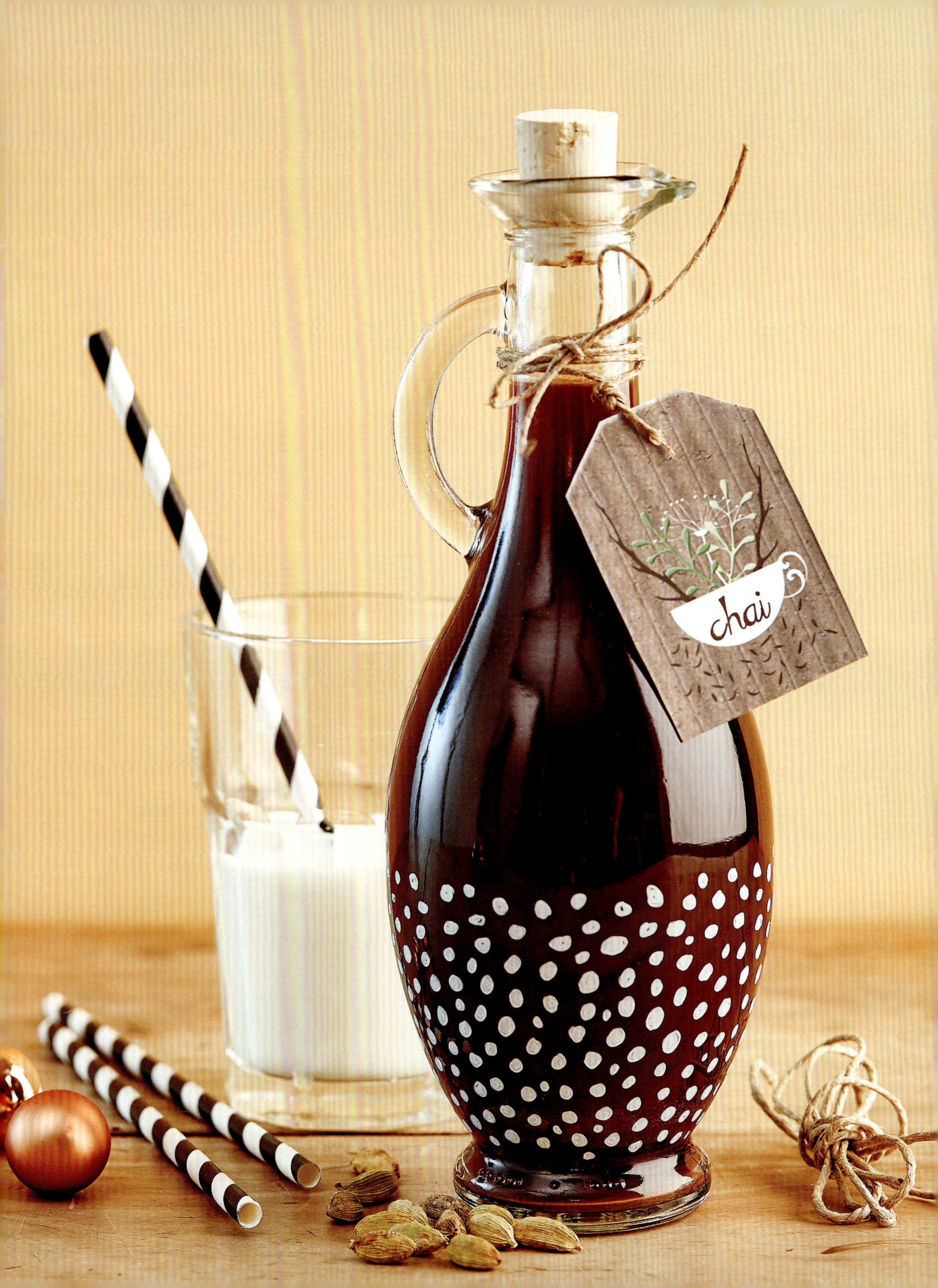
chai

WÜRZIGER CHAI

Material

- 600 ml Wasser
- 1 Stange Zimt
- 1 Vanilleschote
- Frischer Ingwer (Stück mit ca. 3 cm)
- 2 Sternanis-Stücke
- 7 Kardamom-Kapseln (zerstoßen)
- 10 Nelken
- ¼ TL gemahlener Zimt
- 1 TL geriebene Orangenschale
- 10 TL schwarzer Tee
- 120 g brauner Zucker

- Glaskaraffe mit Korkverschluss, 500 ml
- Lackmalstift in Weiß
- Paketschnur, 30 cm
- Etikett, Kopiervorlage (siehe Seite 87)

So wird's gemacht

Die untere Hälfte der Glaskaraffe mit kleinen und großen Punkten bemalen, dazu einen weißen Lackmalstift verwenden.

Den Chai-Sirup wie folgt herstellen: Ingwer schälen und in kleine Scheiben schneiden. Die Vanilleschote aufschneiden, auskratzen und samt Schale in einen Topf geben.
Wasser und alle Gewürze hinzufügen und alles zum Kochen bringen, erst jetzt den Tee dazugeben. Den Herd ausschalten, den Zucker unterrühren und das Getränk 20 Minuten ziehen lassen.
Die Flüssigkeit durch ein feines Sieb gießen, anschließend in die Karaffe füllen und mit dem Korken verschließen. Mit Paketschnur ein Etikett anbinden.

Tipp: Der Chai-Sirup hält im Kühlschrank etwa zwei Wochen.

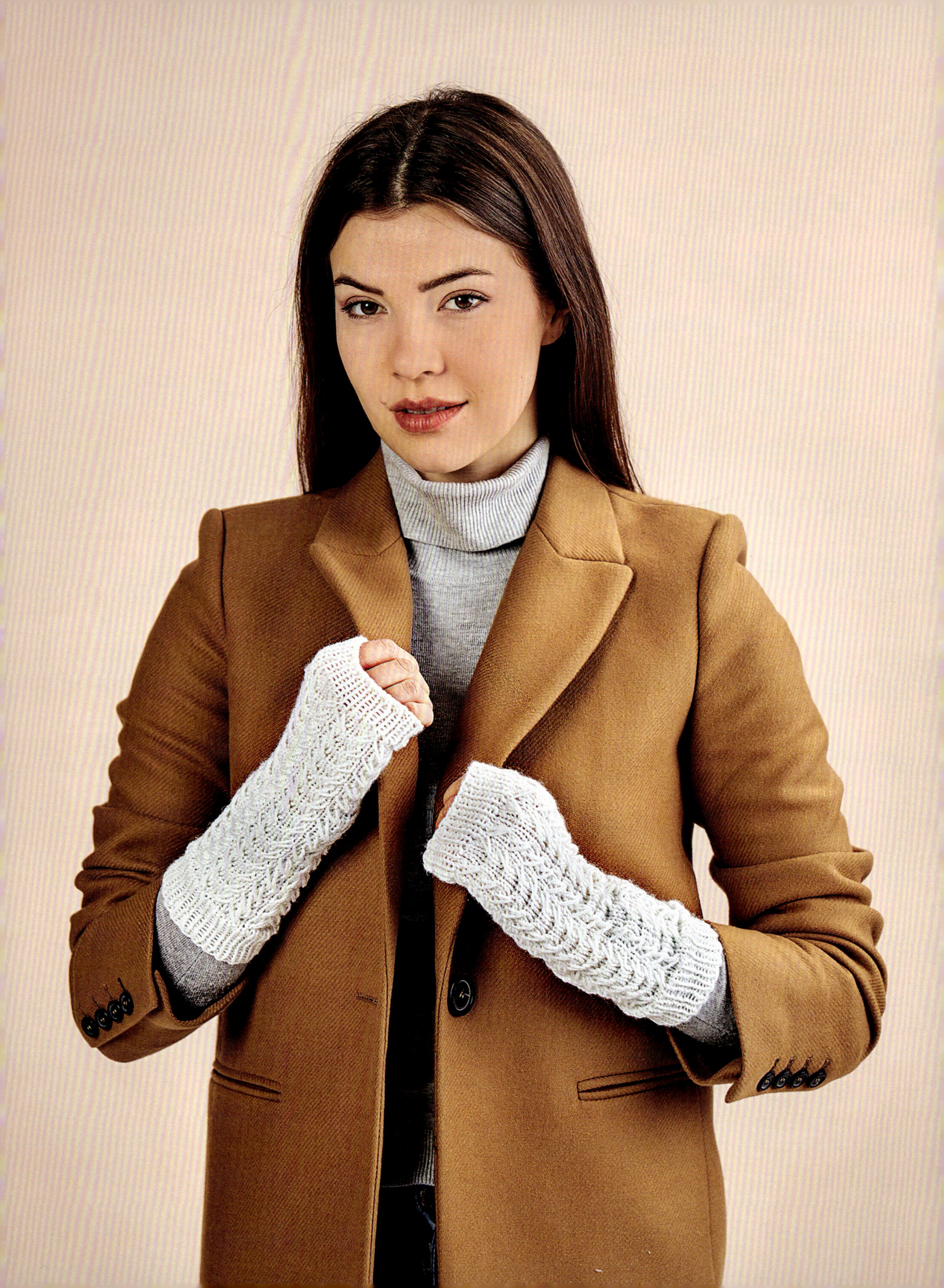

3

STULPEN „KROKUSBLÜTE"

Größe: 26 cm lang

Material

- Woolly Hugs „Charity" (75 % Wolle, 15 % Polyamid, 10 % Polylactid, Lauflänge ca. 100 m/50 g) von L & K (www.veronikahug.com): 100 g Weiß (Farbe 01)
- 1 Nadelspiel Nr. 3,5–4,5
- 1 Zopfnadel

Muster

Glatt rechts in Runden: Stets rechte Maschen stricken.

Rippenmuster: 1 Masche rechts, 1 Masche links im Wechsel stricken.

Hebemaschen-Muster: Die Maschenzahl muss durch 7 teilbar sein. 1. Runde: * 1 Masche rechts, 1 Masche abheben, dabei den Faden hinter der Arbeit mitführen, 4 Maschen rechts, 1 Masche abheben, dabei den Faden hinter der Arbeit mitführen, ab * stets wiederholen; 2.–6. Runde: die 1. Runde stets wiederholen 7. Runde: * 1 Masche rechts, 1 Masche auf 1 Zopfnadel vor die Arbeit legen, die folgenden 2 Maschen rechts stricken und die Masche der Zopfnadel rechts stricken, 2 Maschen auf 1 Zopfnadel hinter die Arbeit legen, die folgende Masche rechts stricken, dann die 2 Maschen der Zopfnadel rechts stricken, ab * stets wiederholen; 8. Runde: rechte Maschen stricken. Die 1.–8. Runde stets wiederholen.

Maschenprobe

In glatt rechts sind 22 Maschen und 32 Reihen/Runden = 10 x 10 cm

So wird's gemacht

Linke Stulpe: Mit dem Nadelspiel 44 Maschen anschlagen, die Maschen zur Runde schließen und für die hintere Blende 4 cm im Rippenmuster stricken. Anschließend im Hebemaschen-Muster weiterarbeiten und in der 1. Runde zum Musterausgleich gleichmäßig verteilt 5 Maschen zunehmen = 49 Maschen. Für den Daumenkeil nach 16 cm ab Anschlag in der folgenden Runde aus der 15. Masche 1 Links-Zunahme und aus der 16. Masche 1 Rechts-Zunahme arbeiten. Diese Zunahmen noch 3 x in jeder 2. Runde wiederholen und die zugenommenen Maschen jeweils glatt rechts stricken = 57 Maschen. In der folgenden 2. Runde die 10 M glatt rechten Maschen des Daumenkeils abketten und in der folgenden Runde über den abgeketteten Maschen wieder 2 Maschen neu dazu anschlagen, diese Maschen wieder in das Muster einfügen = 49 Maschen. Nach 24 cm ab Anschlag für die vordere Blende nochmals im Rippenmuster stricken, dabei in der 1. Runde gleichmäßig verteilt 5 Maschen abnehmen. Nach 2 cm Blendenhöhe alle 44 Maschen locker abketten.

Rechte Stulpe: Genauso stricken, dabei die Maschen für den Daumenkeil gegengleich aufteilen.

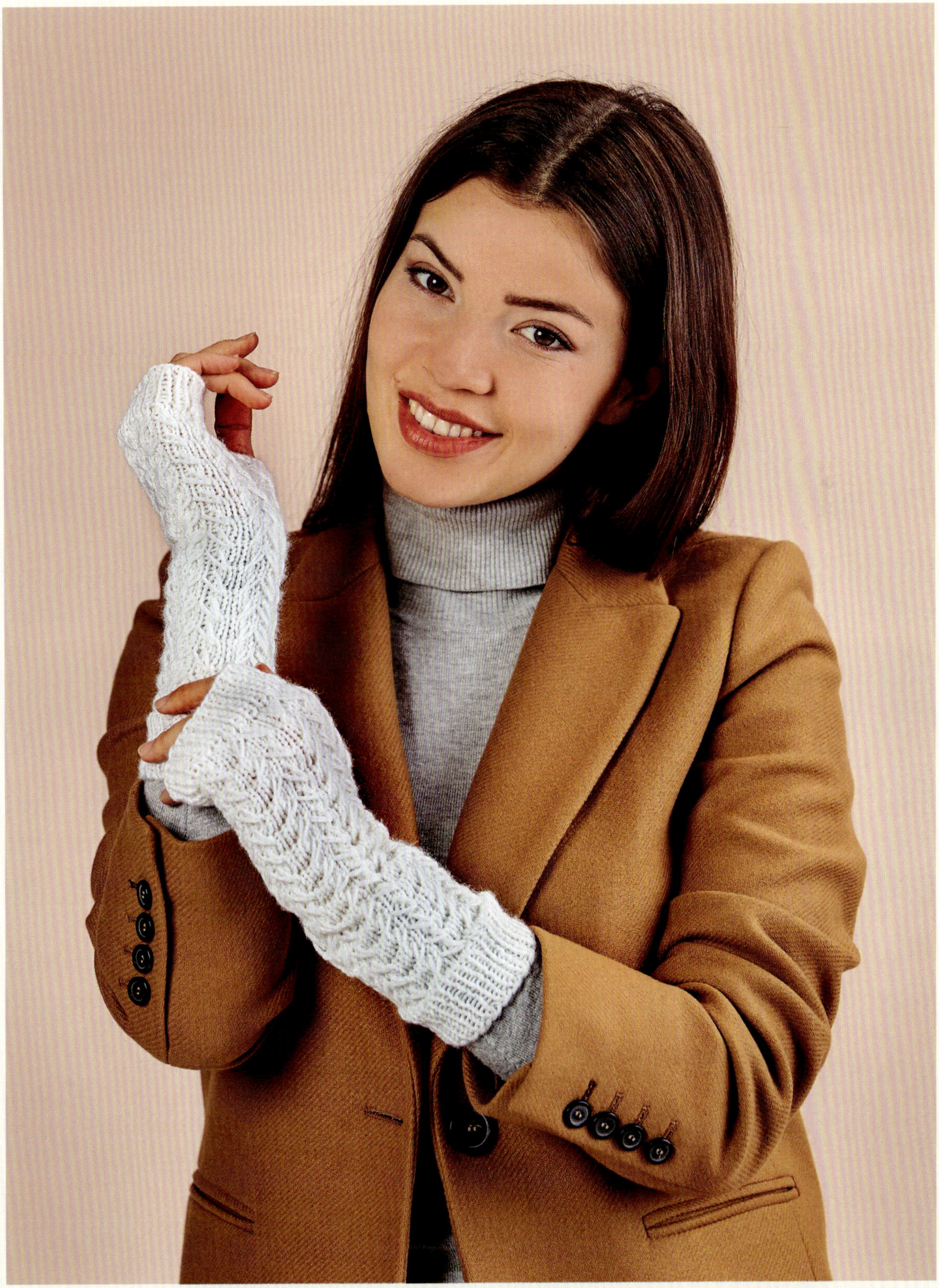

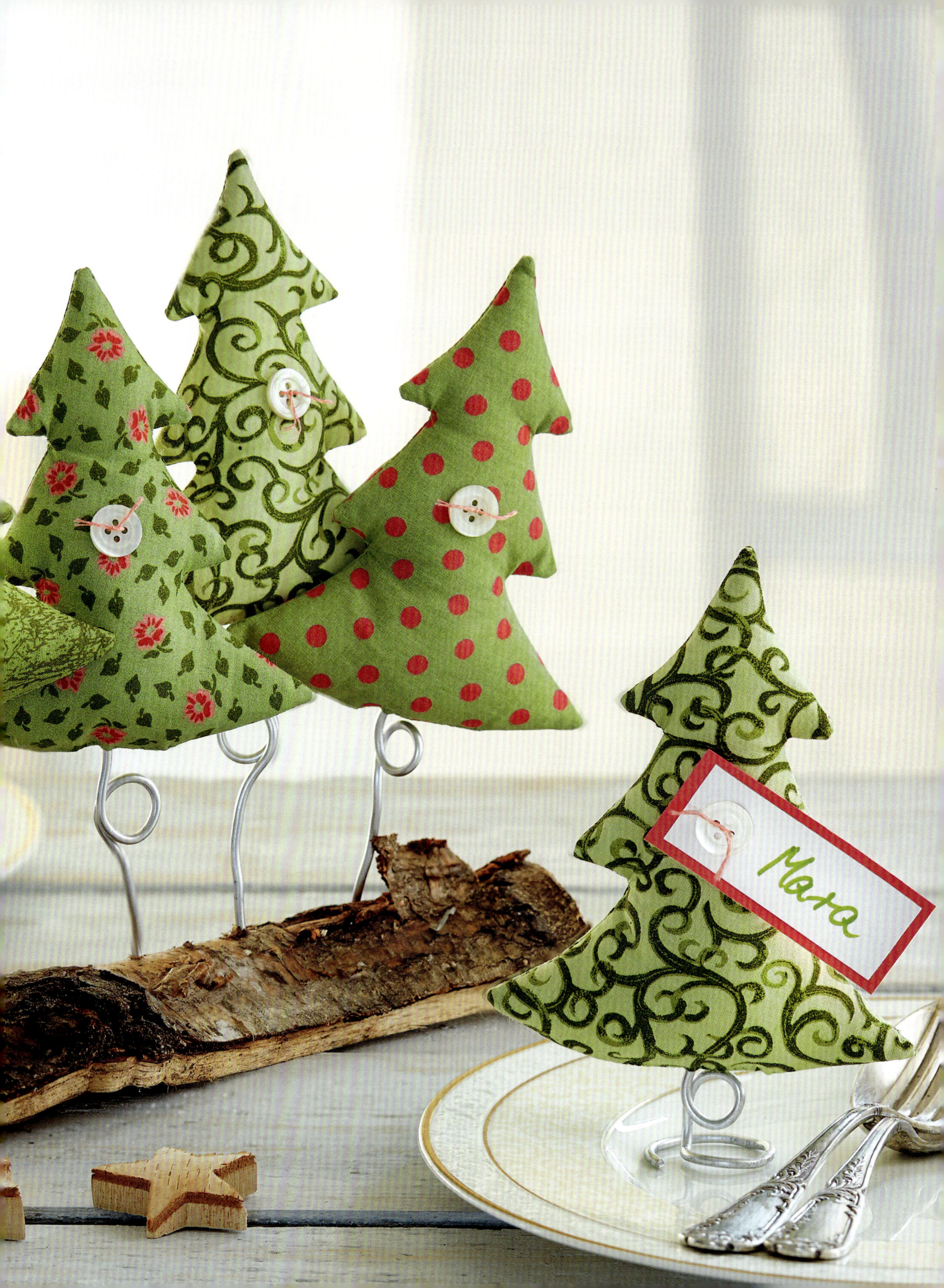
Mara

4

STOFFTANNEN

Material

Für eine Tanne

- Stoff in Grün, gemustert, 18 x 28 cm
- Füllwatte
- Perlmuttknopf, 15 mm Ø
- Aludraht in Silber, 3 mm Ø
- Stickgarn in Rosa
- Holzscheit, ca. 7 x 25 cm
- Bohrer, 3 mm Ø
- Vorlage (siehe Seite 86)

So wird's gemacht

Für eine Tanne den Stoff rechts auf rechts doppelt legen, die Grundform laut Vorlage übertragen und durch beide Stofflagen mit Nahtzugabe zuschneiden.

Die Stofflagen zusammennähen und versäubern, dabei eine Wendeöffnung in der Naht lassen. Die Tanne wenden und mit Füllwatte stopfen. Den Knopf mit zwei Fäden Stickgarn annähen, die Garnenden oben auf dem Knopf verknoten.

Vom Aludraht 25 cm abtrennen, etwa mittig einen Kringel um einen Stift herum formen, in ein Drahtende eine kleine Schlaufe biegen. Die kleine Schlaufe zwischen die Füllwatte in der Tanne schieben. Die Wendeöffnung von Hand zunähen.

Für die Tischdekoration das Holzscheit vorbohren und vier Tannen mit dem Aludraht in den Bohrungen befestigen. Für die Tanne als „Tischkartenhalter" das Drahtende unterhalb des Kringels im rechten Winkel zur Seite biegen und zu einem Kreis formen (= Ständer). Ein kleines Kärtchen beschriften, einen 15 mm langen Schlitz schneiden und das Kärtchen über den Knopf stülpen.

Tipp: Die Tannen sehen auch als Anhänger für den Weihnachtsbaum oder für Geschenke sehr schön aus.

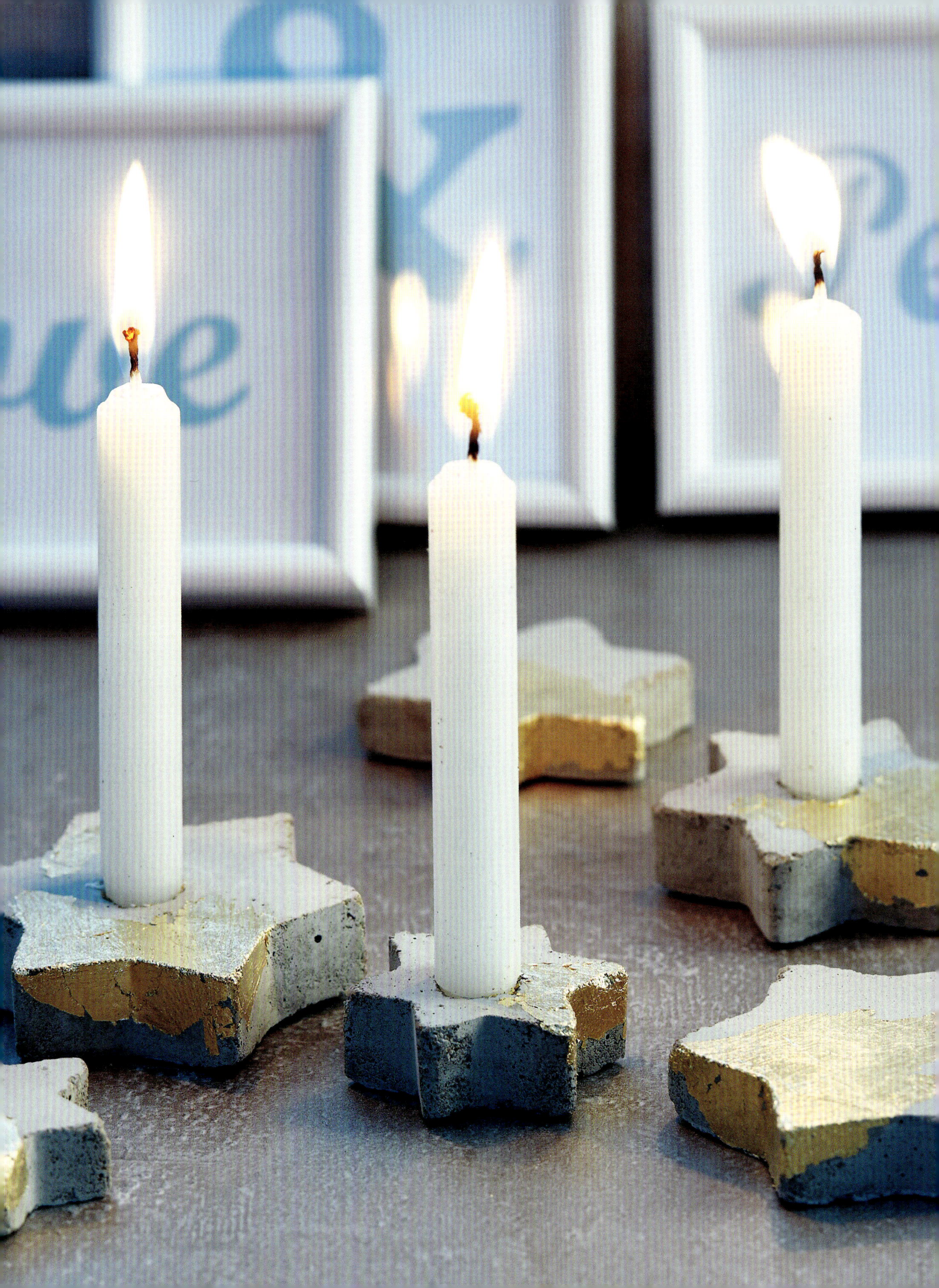

5

KERZENSTERNE

Material

- Ausstechformen „Stern“
- Buchfolie, selbstklebend
- Feinbeton
- Deko-Metall (Blattmetall)
- Anlegemilch
- Weihnachtsbaumkerzen
- altes Brett
- Heißkleber

So wird's gemacht

Ein altes Brett mit Buchfolie bekleben, die Ausstechformen auflegen und ringsherum mit Heißkleber fixieren.

Von einer Weihnachtsbaumkerze 1 cm lange Stücke zuschneiden und diese als Platzhalter mittig in einige Ausstechformen kleben.

Die Formen dünn mit Speiseöl als Trennmittel einpinseln, mit Beton füllen und dann aushärten lassen.

Die Betonteile aus der Form nehmen und die Wachsstücke entfernen. Die Kerzenhalter mit Blattmetall verzieren (Herstellerangaben beachten) und die Kerzen einsetzen.

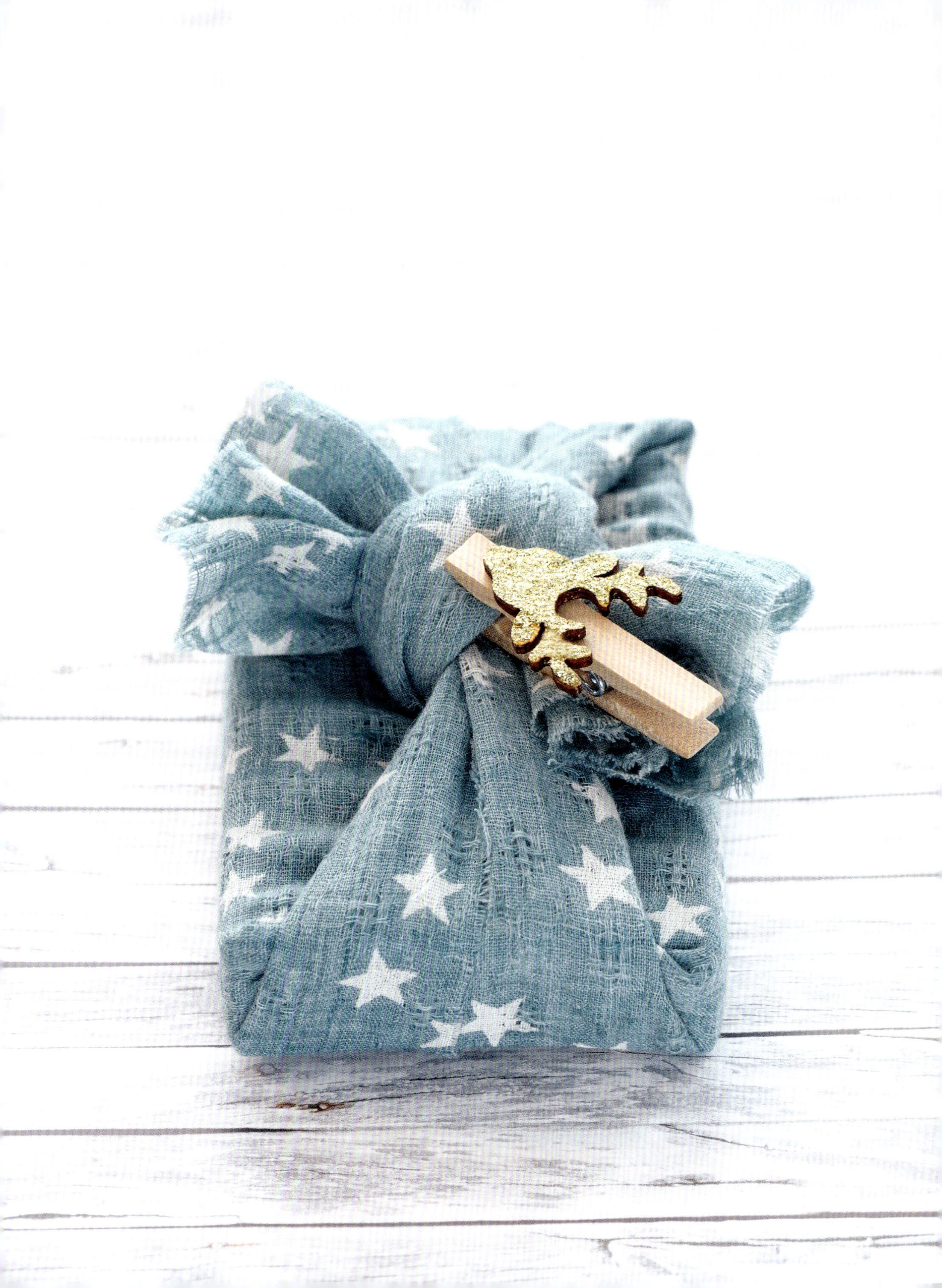

6

FUROSHIKI

Material

Leichter Stoff in entsprechender Größe

So wird's gemacht

Den Stoff flach auslegen und das Geschenk in der Mitte positionieren (1).

Dann die Stoffhälften um das Geschenk einschlagen. Die offene Naht sollte unten liegen (2).

Den Stoff nun an den Seiten ein wenig einfalten dann nach oben falten und einen Knoten binden (3) (4).

Ist der Stoff lang genug, kann man noch einen zweiten Knoten binden (5).

Tipp: Diese japanische Methode des Einpackens ist auch bestens geeignet für Geschenke, die ein wenig unförmig sind und sich nicht so gut in ein Geschenkpapier wickeln lassen. Außerdem lassen sich hier super angesammelte Stoffreste verwerten.

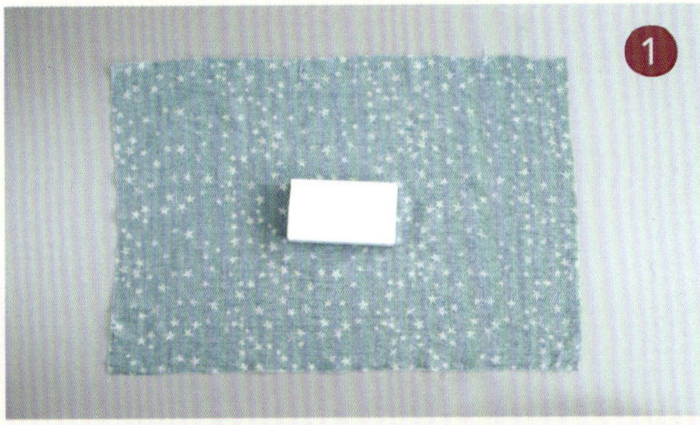

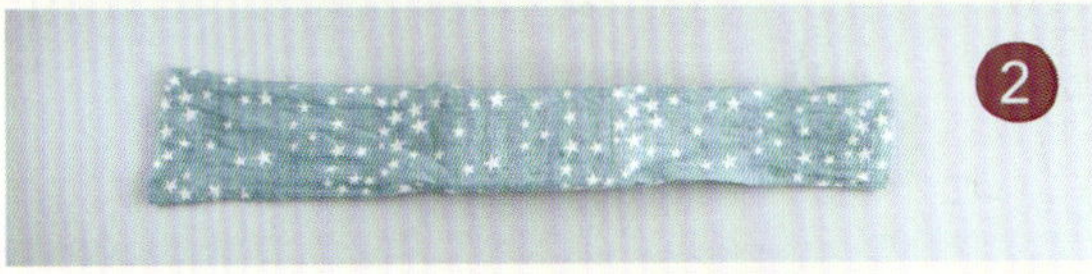

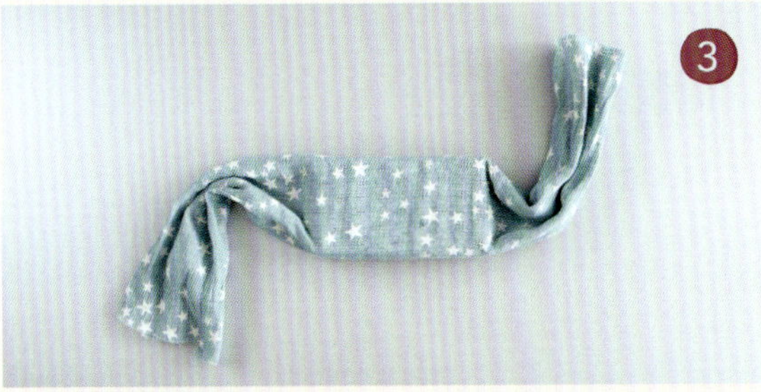

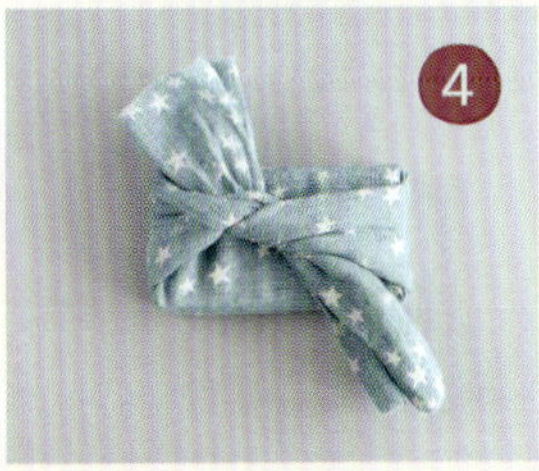

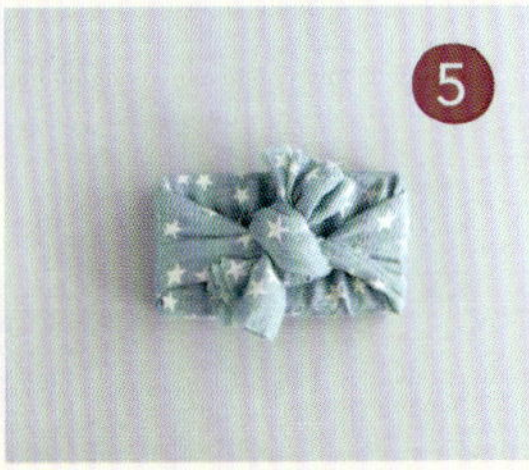

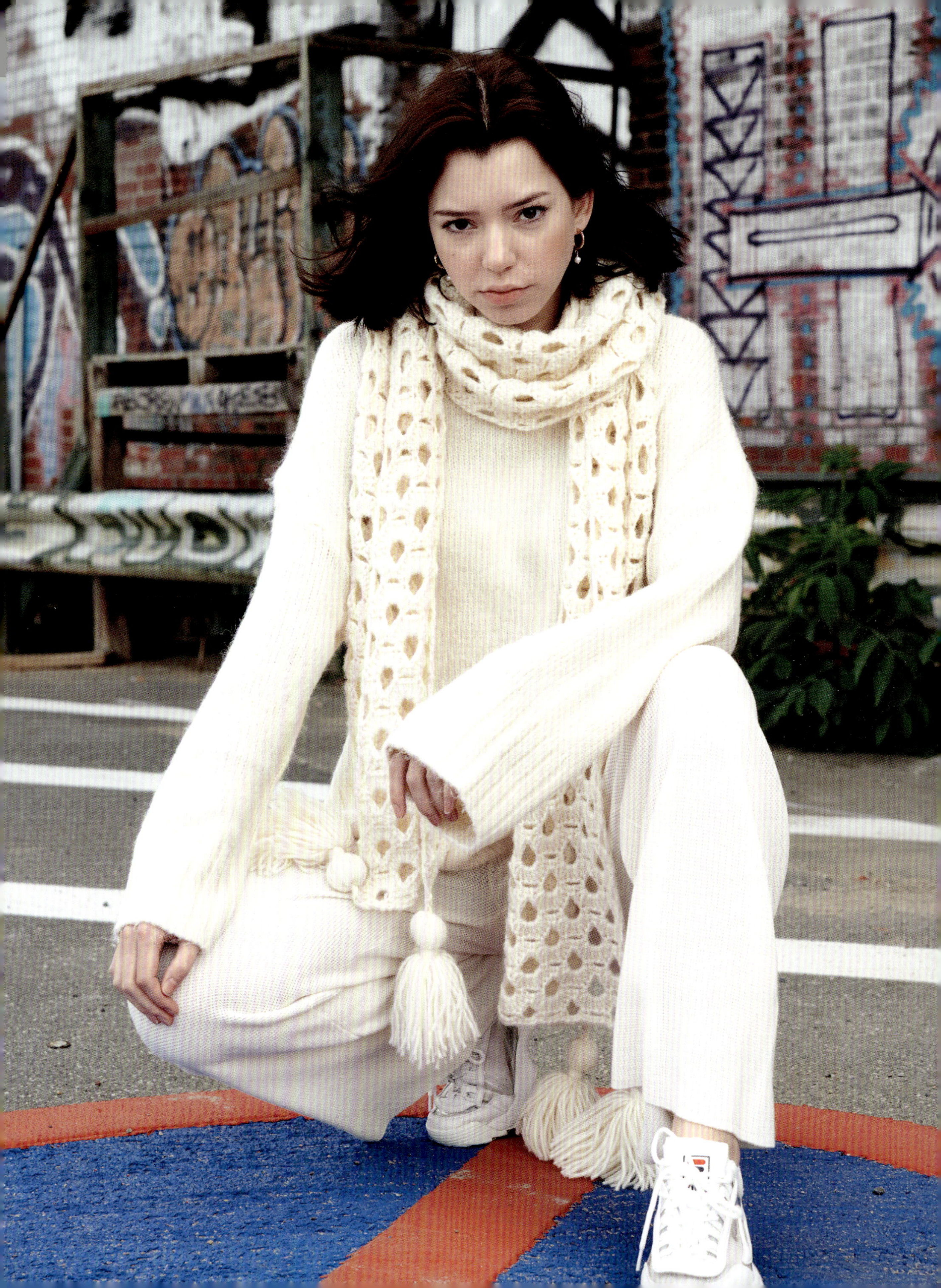

7

HÄKELSCHAL

Größe: 32 cm x 200 cm

Material

- Lana Grossa „Brigitte No. 2“ (47 % Alpaka, 45 % Baumwolle, 8 % Schurwolle, LL 140m/50 g) 300 g Rohweiß (Farbe 16)
- Lana Grossa Häkelnadel 6,0 mm

Muster

Nach Häkelschrift arbeiten. 1 x 1. Reihe dann 2.–5. Reihe stets wdh.

Maschenprobe

Im Bogenmuster sind 13 Maschen und 7 Reihen = 10 x 10 cm

So wird's gemacht

43 Luftmaschen + 1 Steige-Luftmasche anschlagen und 1 Reihe feste Maschen häkeln, dabei die 1. feste Masche in die 2. Masche ab Nadel häkeln. Die 2. Reihe mit den Maschen vor dem Mustersatz (= MS) beginnen, den MS 4 x wiederholen und mit den Maschen nach dem MS die Reihe beenden. Dann die 2.-5. Reihe stets wiederholen, bis die gewünschte Länge (hier ca. 200 cm) erreicht ist. Mit einer 2. oder 4. Reihe enden, noch 1 Reihe feste Maschen häkeln. Arbeit beenden.

Alle Fäden vernähen. 4 dicke Quasten mit ca. 15 cm Länge fertigen und an allen 4 Ecken des Schals annähen. Wenn gewollt Schal spannen, anfeuchten und trocknen oder vorsichtig dämpfen.

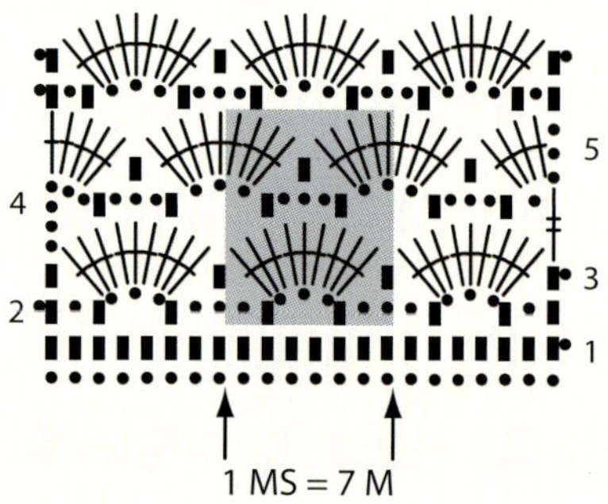

Zeichenerklärung

- • = 1 Luftmasche
- ▮ = 1 feste Masche
- ┼ = 1 Stäbchen
- ╪ = 1 Doppelstäbchen

MS = Mustersatz

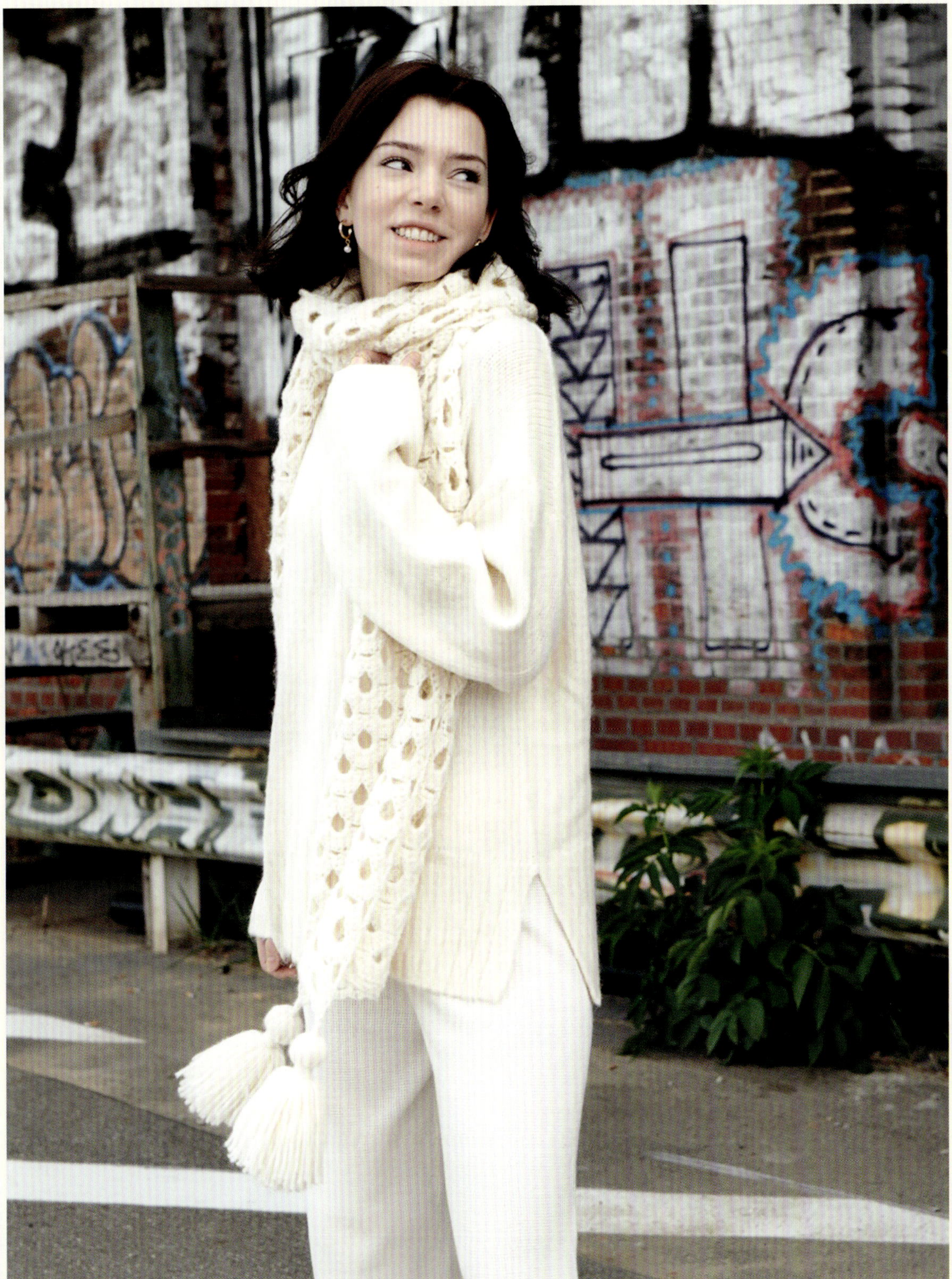

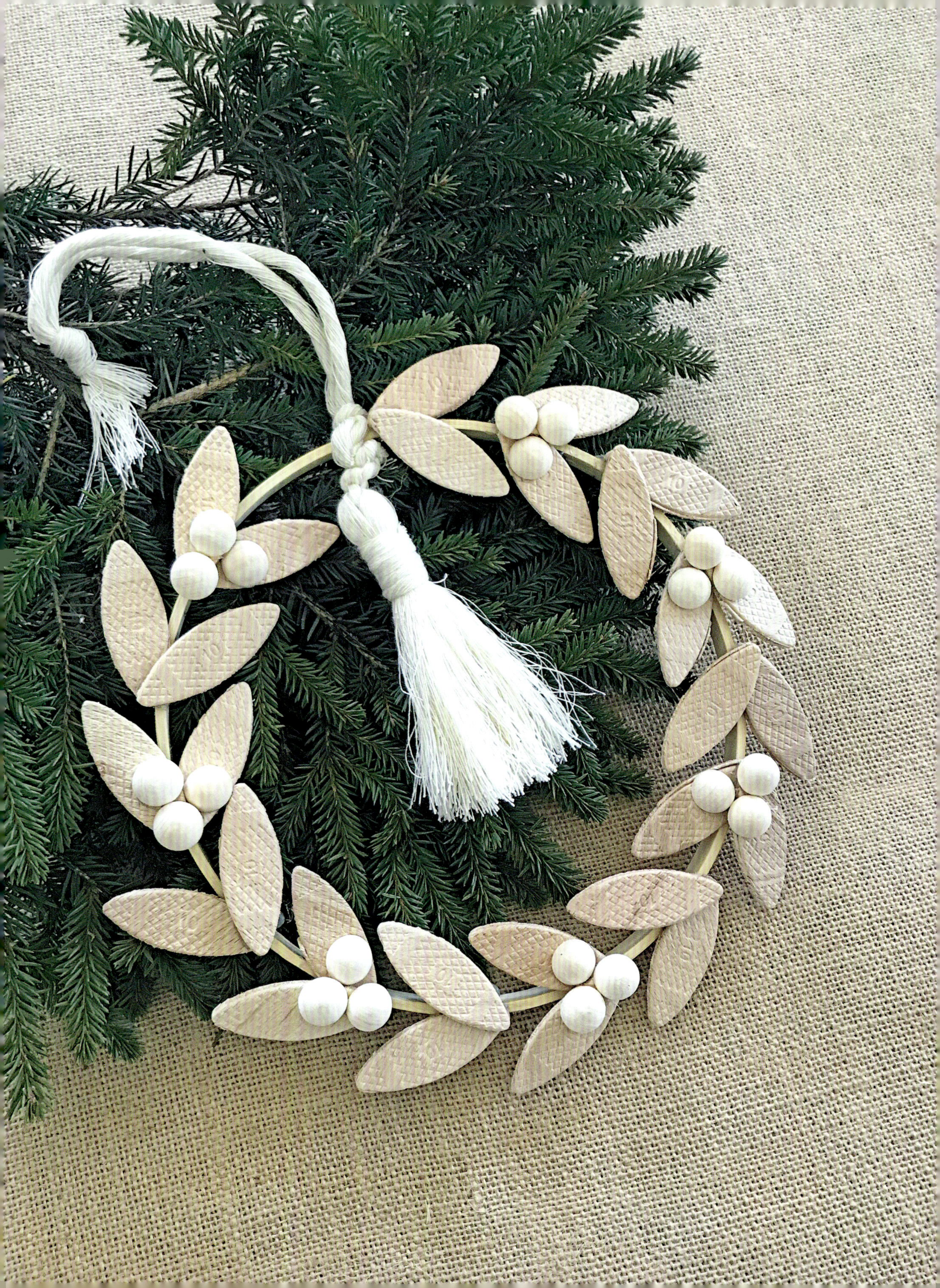

8

Winterkranz aus Lamellos

Material

- Holzring (Durchmesser 20 cm, Bambus; alternativ einen Stickrahmen)
- Flachdübel (Größe 10, ca. 30 Stück)
- Holzkugeln (15 mm ohne Bohrung, ca. 25 Stück)
- Quaste aus Makrameegarn
- Hilfsmittel
- Heißkleber

Hinweis: Lamellos sind Flachdübel. Normalerweise braucht man sie, um größere Holzstücke gut miteinander zu verbinden. Man kann sie aber auch sehr gut zum Basteln verwenden. Hier wurde daraus ein schöner winterlicher Kranz, der an Misteln erinnert.

So wird's gemacht

Die Lamellos zuerst paarweise an den Spitzen wie Blätter zusammenkleben.

Wenn die Paare gebildet worden sind, diese der Reihe nach auf den Holzring kleben. Je nachdem, wie eng die Paare geklebt werden, braucht man mehr oder weniger davon.

Auf jedes zweite Blattpaar werden nun immer 3 kleine Holzkugeln geklebt.

Zum Schluss noch eine schöne Quaste in den Kranz hängen und schon ist der Lamellokranz fertig.

Tipps: Flachdübel gibt es in 3 genormten Größen: 0, 10 und 20. Wenn der Holzring einen anderen Durchmesser hat, können auch kleinere bzw. größere Lamellos verwendet werden. Dementsprechend sollte dann auch die Größe der Holzkugeln angepasst werden.

Die Flachdübel gibt es übrigens in jedem Baumarkt.

Wem der Kranz zu farblos ist, kann die Lamellos auch grün beizen oder lackieren und die Holzkugeln mit weißer Farbe anmalen.

Quaste selber machen: In die Mitte einiger gleichlanger Fäden einen Querfaden zur Aufhängung legen. Die gleichlangen Fäden in der Mitte zusammenfalten. Mit einem weiteren Faden alle gleichlangen Quastenfäden bündeln, mehrfach umwickeln und dann verknoten.

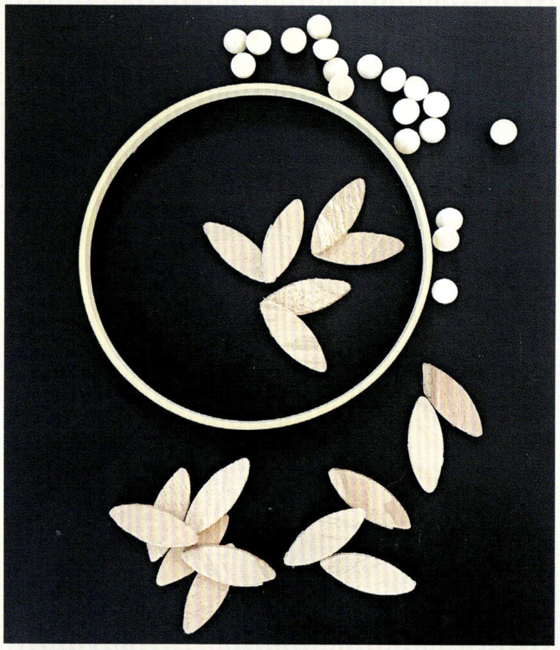

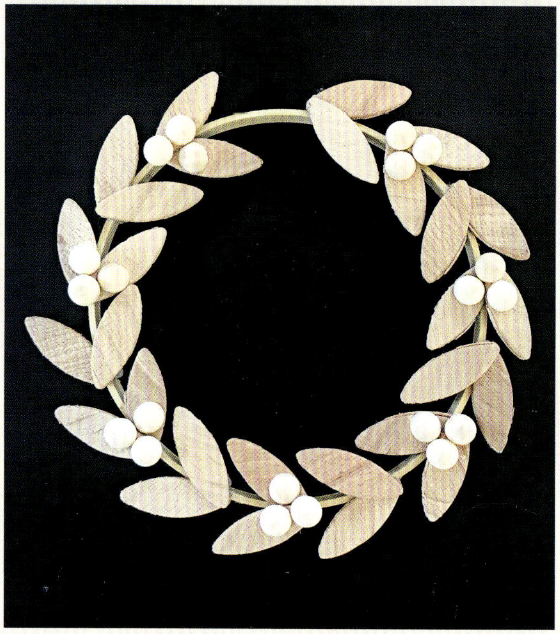

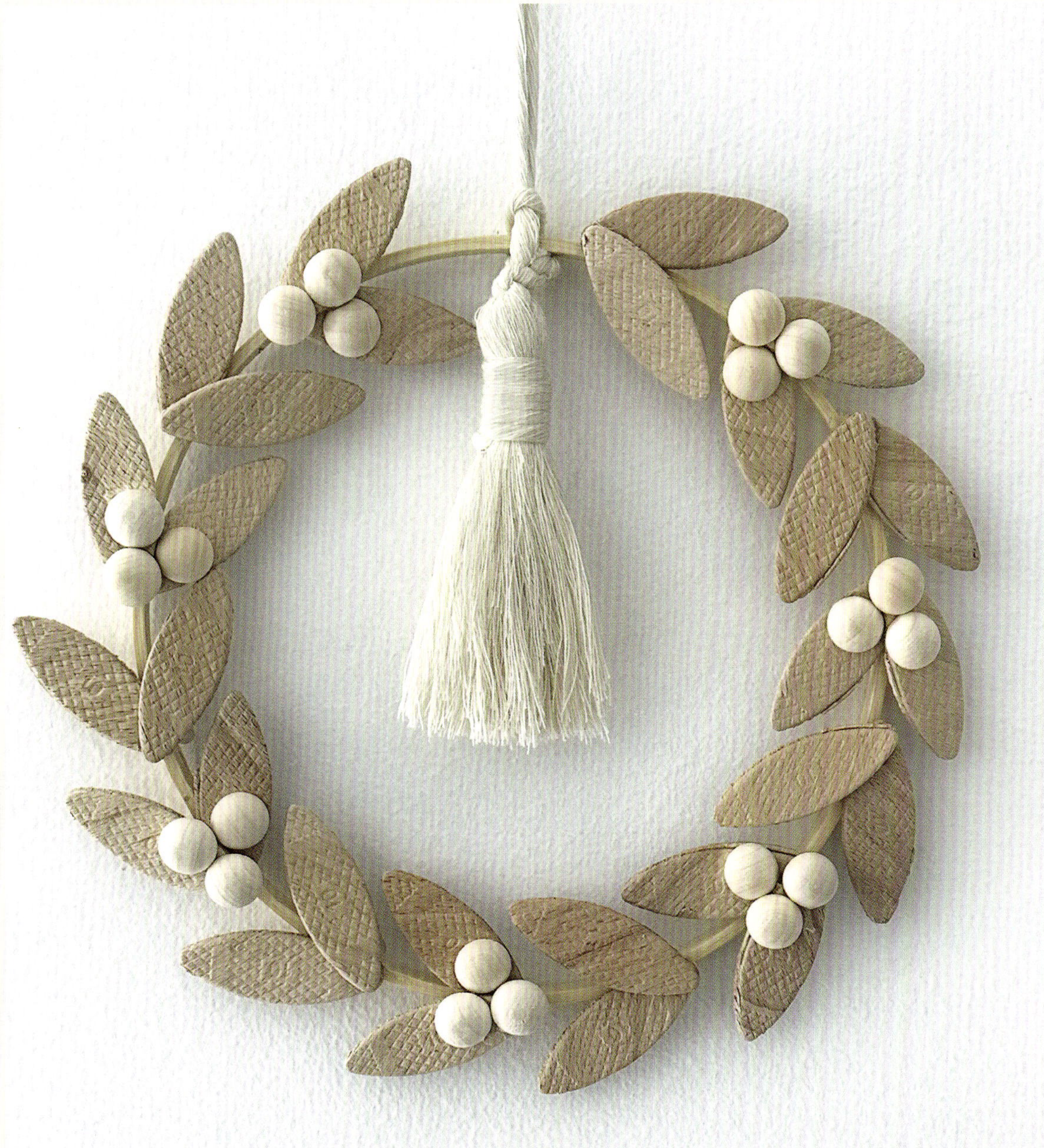

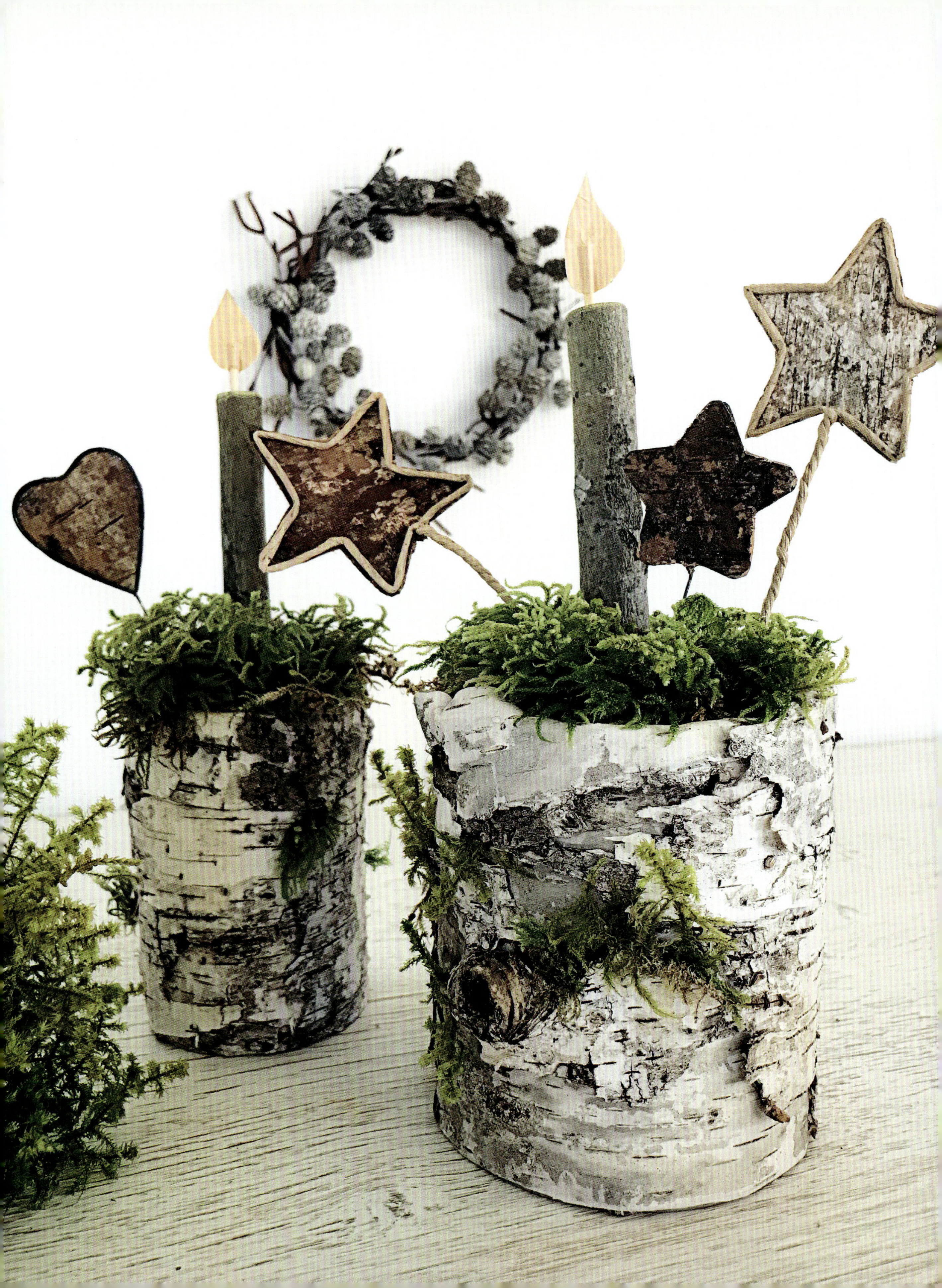

9

BLUMENSTECKER MIT BIRKENRINDE

Material

- Birkenrinde
- (Papier-) Draht bzw. fertige Drahtform
- Vorlage Stern (1:1) (siehe Seite 87)
- Kleine Zange
- Holzleim bzw. Zweikomponentenkleber
- Kleine Schere
- 2 glatte Fliesen
- Mikrowelle
- Lineal

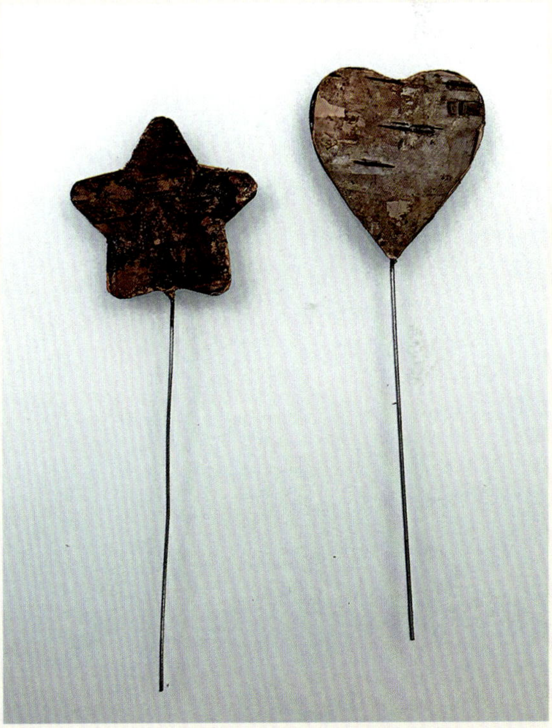

Hinweis: Birkenrinde findet man an umgestürzten Birken ganz einfach, aber es gibt sie auch in Läden für Bastel- und Floristikbedarf. Für diese Blumenstecker braucht man nicht viel Rinde, daher bietet es sich an, einfach mal einen schönen Spaziergang zu machen und die Augen nach Rindenstücken offen zu halten.

So wird's gemacht

Die Birkenrinde sollte möglichst glatt sein. Wenn sie gerollt ist, leicht anfeuchten, zwischen zwei glatte Fliesen legen und für ca. eine Minute in die Mikrowelle stellen. Ggf. den Vorgang wiederholen, bis die Rinde möglichst platt ist.

Aus Draht die gewünschte Form biegen. Hier wurden u. a. alte abgebrannte Wunderkerzen mit Stern- und Herzform verwendet.

Bei Papierdraht kann die Rinde mit Holzleim auf die Form geklebt werden. Ansonsten empfiehlt sich Zweikomponentenkleber, der hält Rinde und Draht wirklich gut zusammen.

Zum Trocknen die Form zwischen die beiden Fliesen legen und mit Büchern beschweren. Von den Fliesen lässt sich ausquellender Kleber relativ gut wieder lösen.

Nach dem Trocknen die Überstände der Rinde mit einer kleinen Schere abschneiden und dann die Blumenstecker schön im Blumentopf dekorieren.

Tipps

Birkenrinde aus der Natur natürlich nur von toten Bäumen entfernen, das geht auch ganz einfach mit den Händen. Birken lieben feuchte Gegenden. In der Nähe von Seen, an Bächen und natürlich im Moor findet man sie oft.

Man kann die Rinde auch ohne Mikrowelle plätten, aber dann dauert es mehrere Tage bis die Rinde getrocknet ist.

Plätzchenausstecher können beim Biegen des Drahts ein gutes Hilfsmittel sein.

Für einen hübschen „Blumentopf" einfach Birkenrinde mit Heißkleber auf eine Blechdose kleben, etwas Moos in die Ritzen stecken und aus einem Ast, Papierdraht und Papier eine Kerze dazu basteln.

Ein kleiner selbstgemachter Kranz aus Birkenzweigen und Erlenzapfen passt sehr schön dazu.

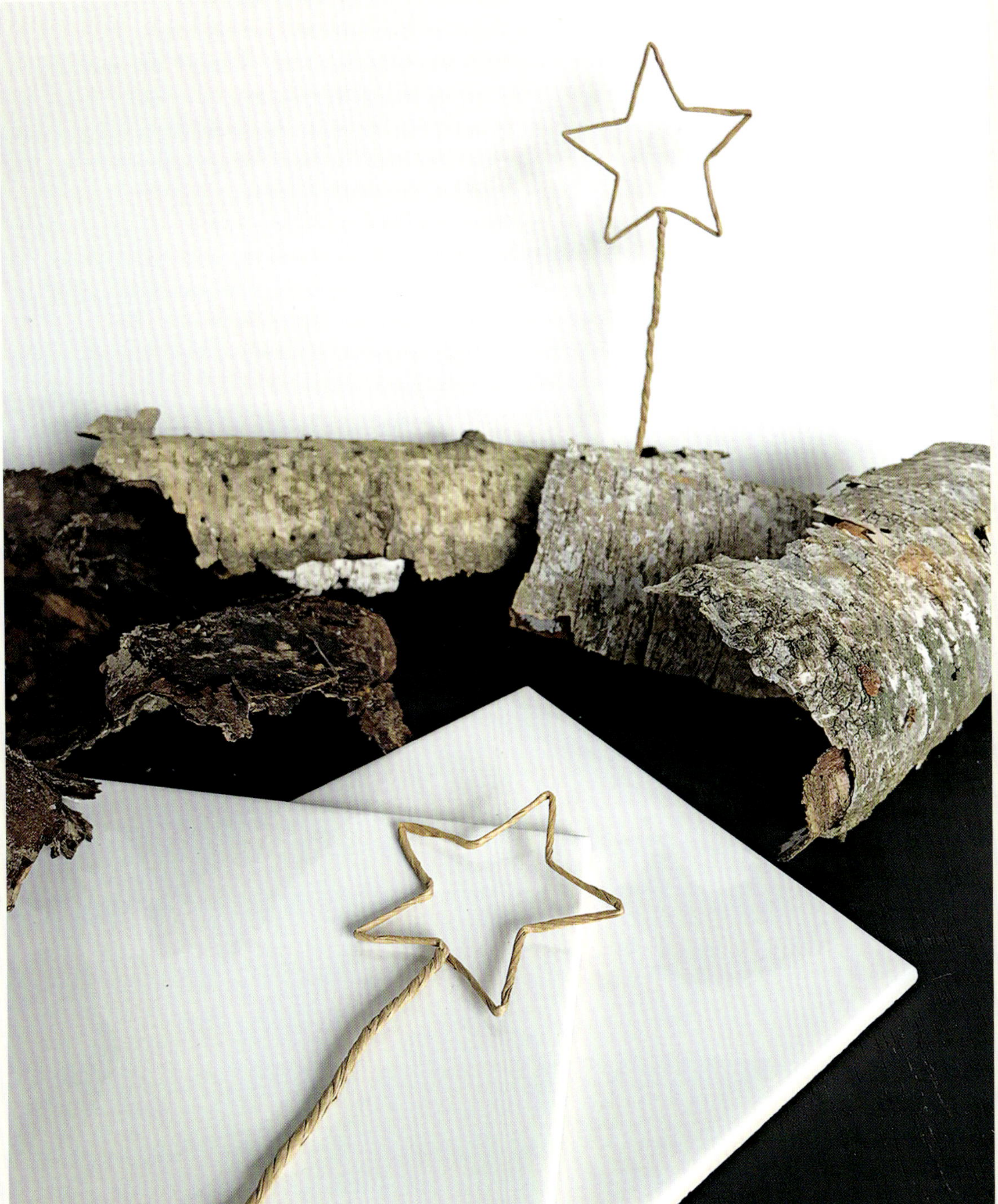

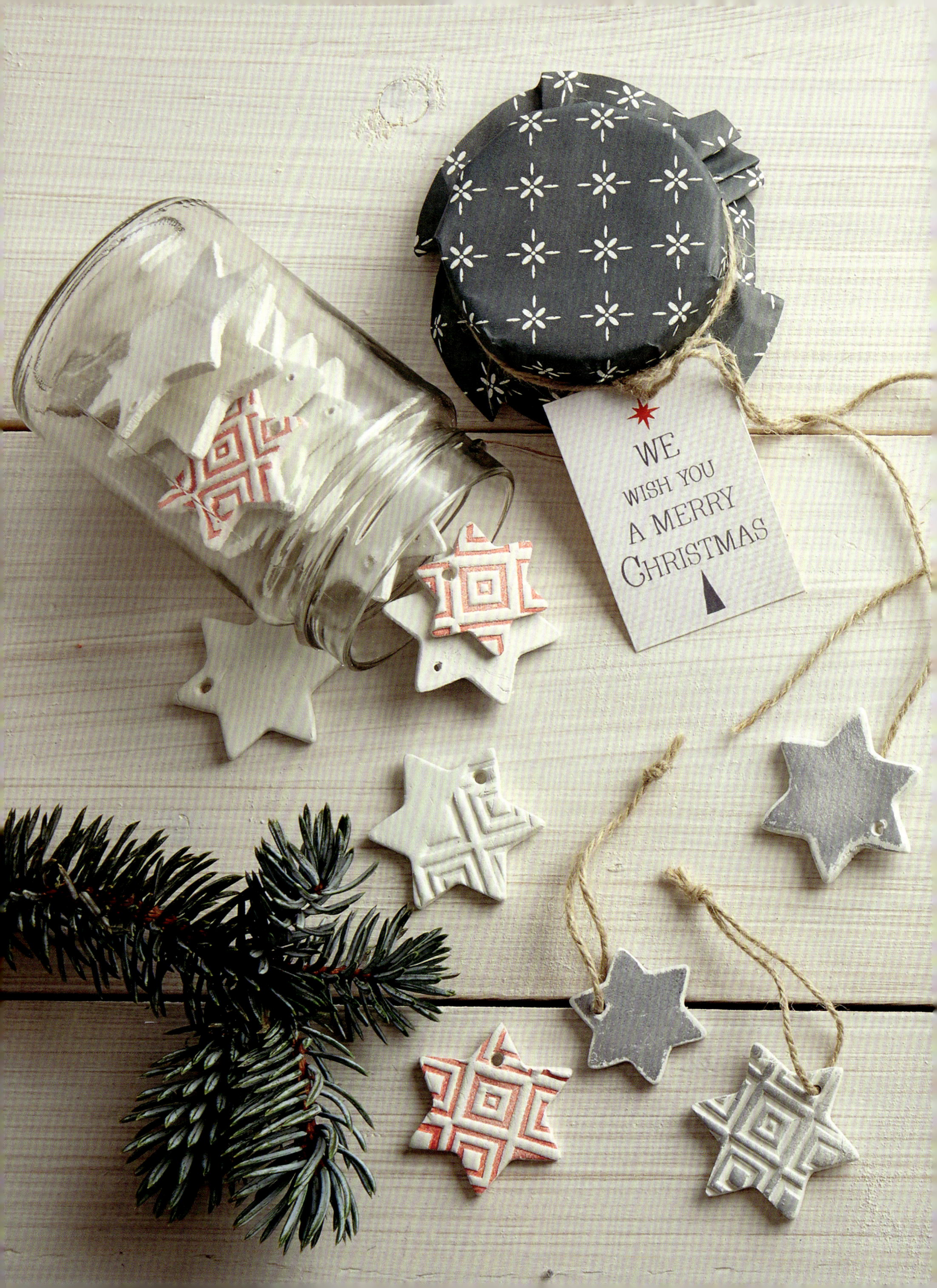
WE
WISH YOU
A MERRY
CHRISTMAS

10

GESCHENK-ANHÄNGER

Material

- Glas mit Deckel, 12 x 7 cm
- Lufttrocknende Modelliermasse in Weiß
- Paketschnur
- Geschenkpapier
- Musterstempel
- Stempelkissen in Grau und Rot
- Sternausstechform
- Holzspieß
- Nudelholz (Teigrolle)

So wird's gemacht

Die Modelliermasse auf einer Unterlage etwa 0,5 cm dick ausrollen. Die Fläche bestempeln und die Motive nach Wunsch ausstechen.

Für die Aufhängung in jeden Stern (Spitze) mit einem Holzspieß ein Loch stechen. Die Sterne an der Luft trocknen lassen. Danach die Außenkanten etwas nacharbeiten: Einfach mit einem Messer an den Kanten entlangschaben.

Die Sterne zusammen mit etwas Paketschnur in ein Glas geben und den Deckel aufsetzen.

Aus dem Geschenkpapier ein Quadrat passend zur Deckelgröße zuschneiden, dabei zum Durchmesser des Deckels noch etwa 3 cm hinzurechnen. Das Quadrat über den Deckel legen und mit Paketschnur fixieren, dabei das Etikett befestigen.

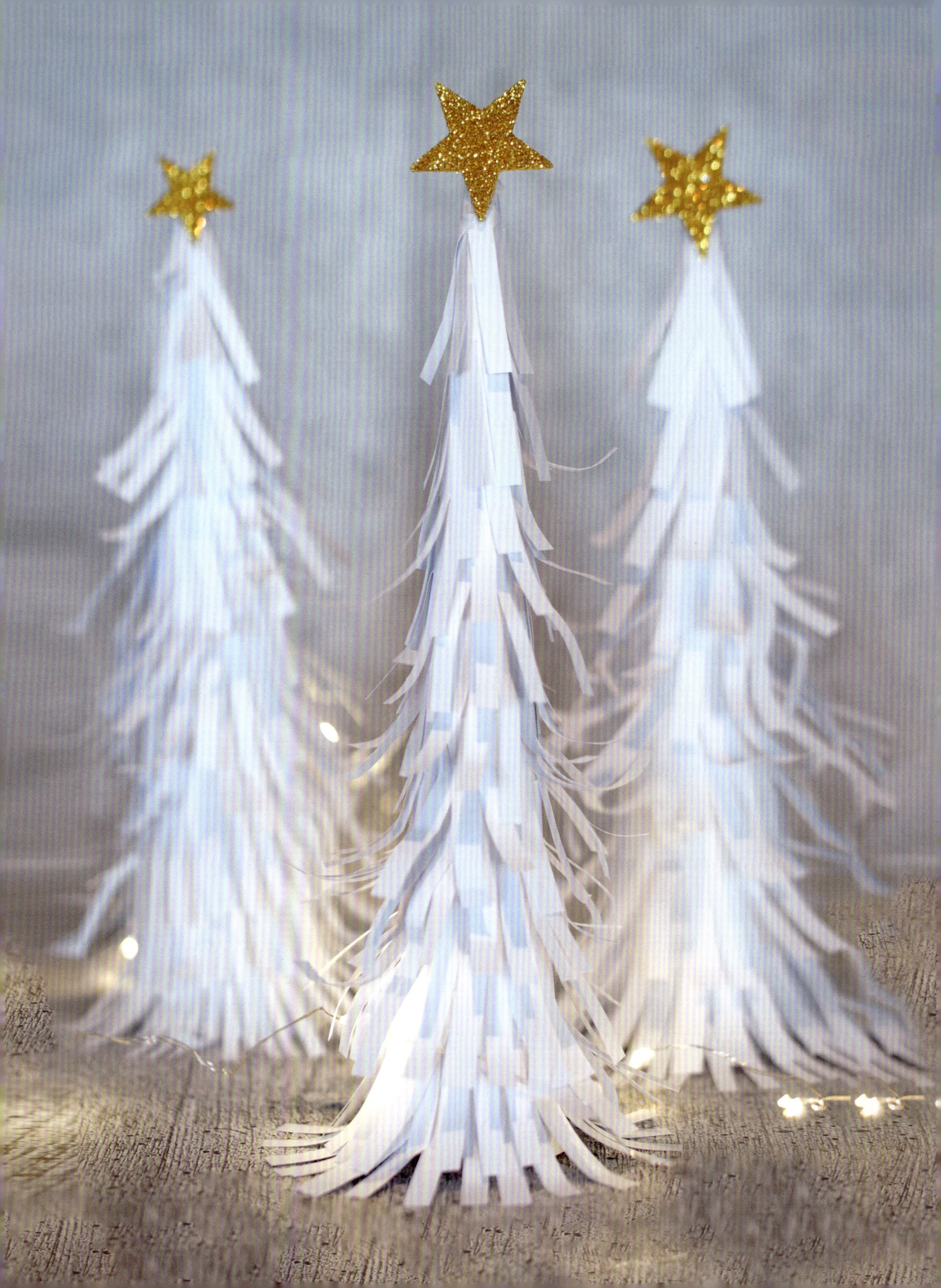

11

WINTERBAUM

Material

- Lineal
- Cutter
- Schere
- Papier A4 ca. 120 g
- Papier A4 80 g, weiß
- Klebestift
- Klebeband

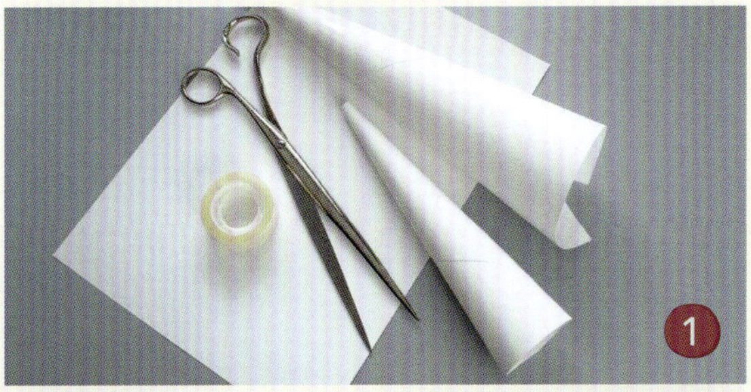

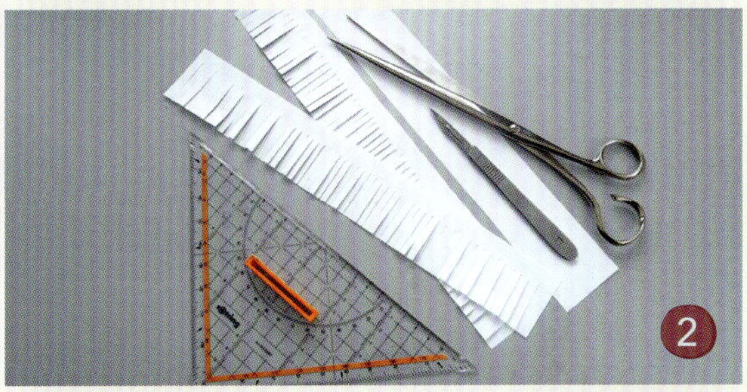

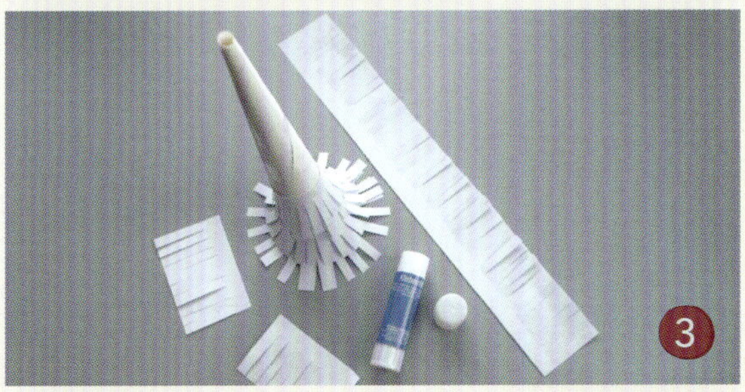

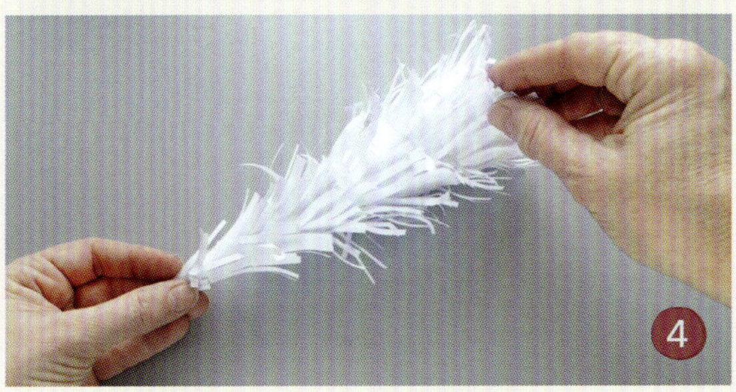

So wird's gemacht

Aus den festeren Papierbögen rollt man kleine Kegel, klebt diese mit Klebestreifen zusammen und schneidet sie auf die passende Länge zurecht ❶.

Die weißen Papierbögen (80 g) schneidet man mit dem Cutter in ca. 4,5 cm breite Streifen. Die Menge ist abhängig vom Durchmesser der Kegel und wie dicht man die Streifen später klebt. Die Streifen mit einer Schere in kurzem Abstand einschneiden, bis auf ca. 1 cm zum Rand ❷.

Diese Streifen in kleine Stücke schneiden – ca. 4 cm lang – und mit Kleber versetzt um den Kegel kleben. Die Enden sollten ein wenig überlappen ❸.

Sind genügend Runden geklebt, kann man die Papierfransen vorsichtig mit den Fingern ein wenig nach oben streichen ❹.

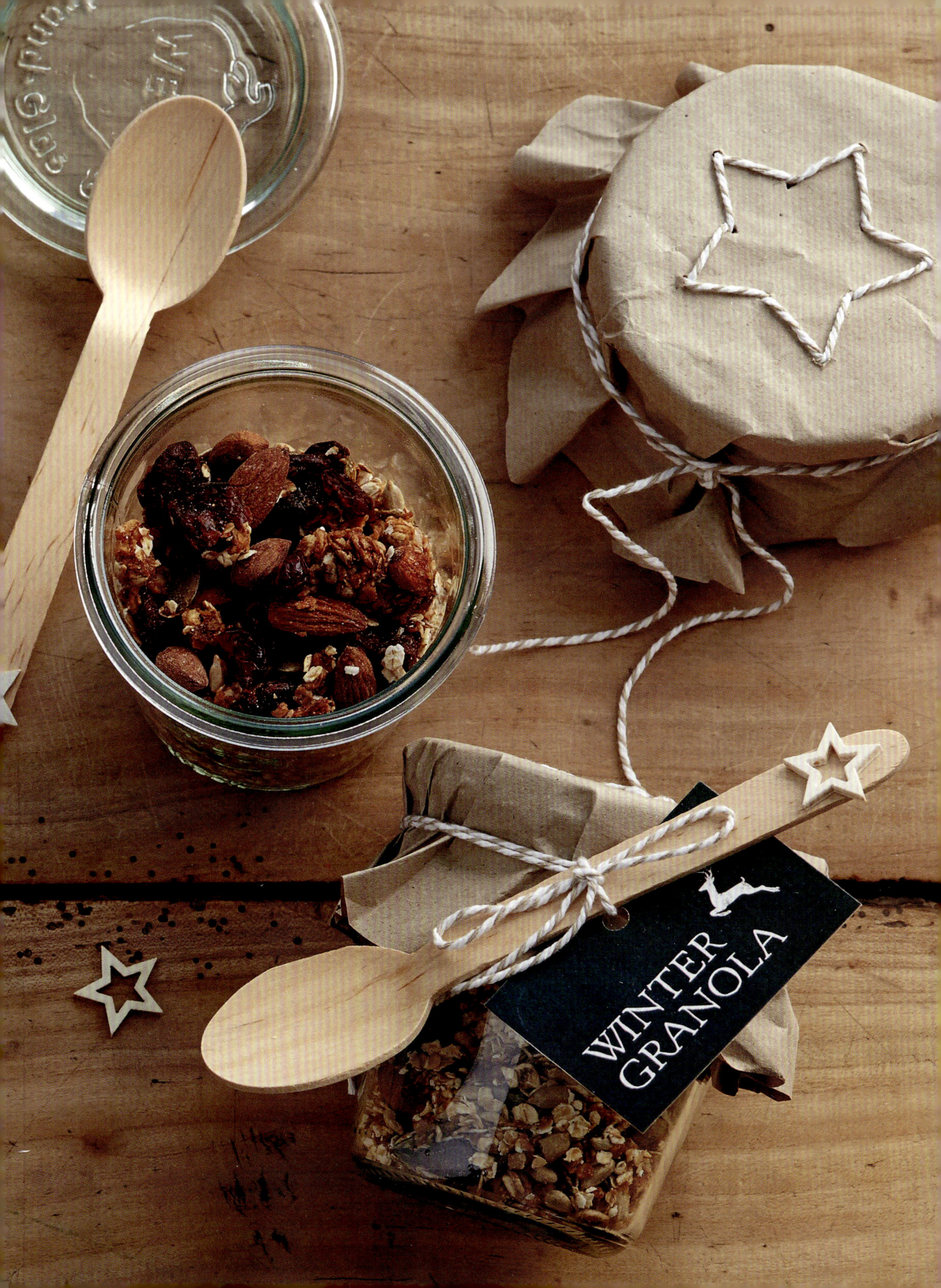
WINTER
GRANOLA

12

WINTERGRANOLA

Material

- 150 g Haferflocken
- 50 g Mandeln
- 50 g Kürbiskerne
- 50 g getrocknete Cranberrys
- 1 TL Zimt
- 2–3 EL Honig
- 2 EL Butter
- 3 EL Öl
- 30 g Zucker
- Gläser mit Deckel, 8 x 9 cm
- Packpapier
- Bäckergarn in Weiß-Beige
- Holzlöffel
- Streusterne aus Holz, 1,5 cm
- Sticknadel mit großem Öhr
- Bastelkleber

So wird's gemacht

Haferflocken, Mandeln, Kürbiskerne und Zimt in einer Schüssel vermischen.

In einer Pfanne Honig, Butter, Öl und Zucker erhitzen, bis die Masse Blasen schlägt, dabei gut umrühren. Die heiße Masse über die Trockenmischung gießen und mit einem Löffel sorgfältig verrühren.

Ein Backblech mit Backpapier auslegen, die Masse darauf verstreichen und bei 170° C etwa 8-12 Minuten goldgelb backen. Darauf achten, dass die Masse nicht zu braun wird. Nach dem Backen das Granola gut auskühlen lassen und mit den Händen klein bröseln. Zum Schluss die getrockneten Cranberrys untermischen. In die Gläser füllen und mit den Deckeln verschließen.

Packpapier passend zuschneiden, dabei zum Durchmesser der Deckel ringsherum noch jeweils etwa 5 cm hinzurechnen. Auf jedes zugeschnittene Papierstück mittig mit einem Bleistift einen Stern aufzeichnen; den Stern von Spitze zu Spitze mit Bäckergarn nachsticken. Auf der Rückseite des Papiers das Garn verknoten. Auf jeden Glasdeckel ein Papierstück legen und mit Bäckergarn fixieren.

Am Stielende jedes Löffels einen Streustern aufkleben. Nach dem Trocknen des Klebers die Löffel und die Etiketten an den Gläsern festbinden.

Tipps: Mit Milch oder Joghurt genießen.

Für ein veganes Granola den Honig durch Agavendicksaft und die Butter durch Kokosöl ersetzen.

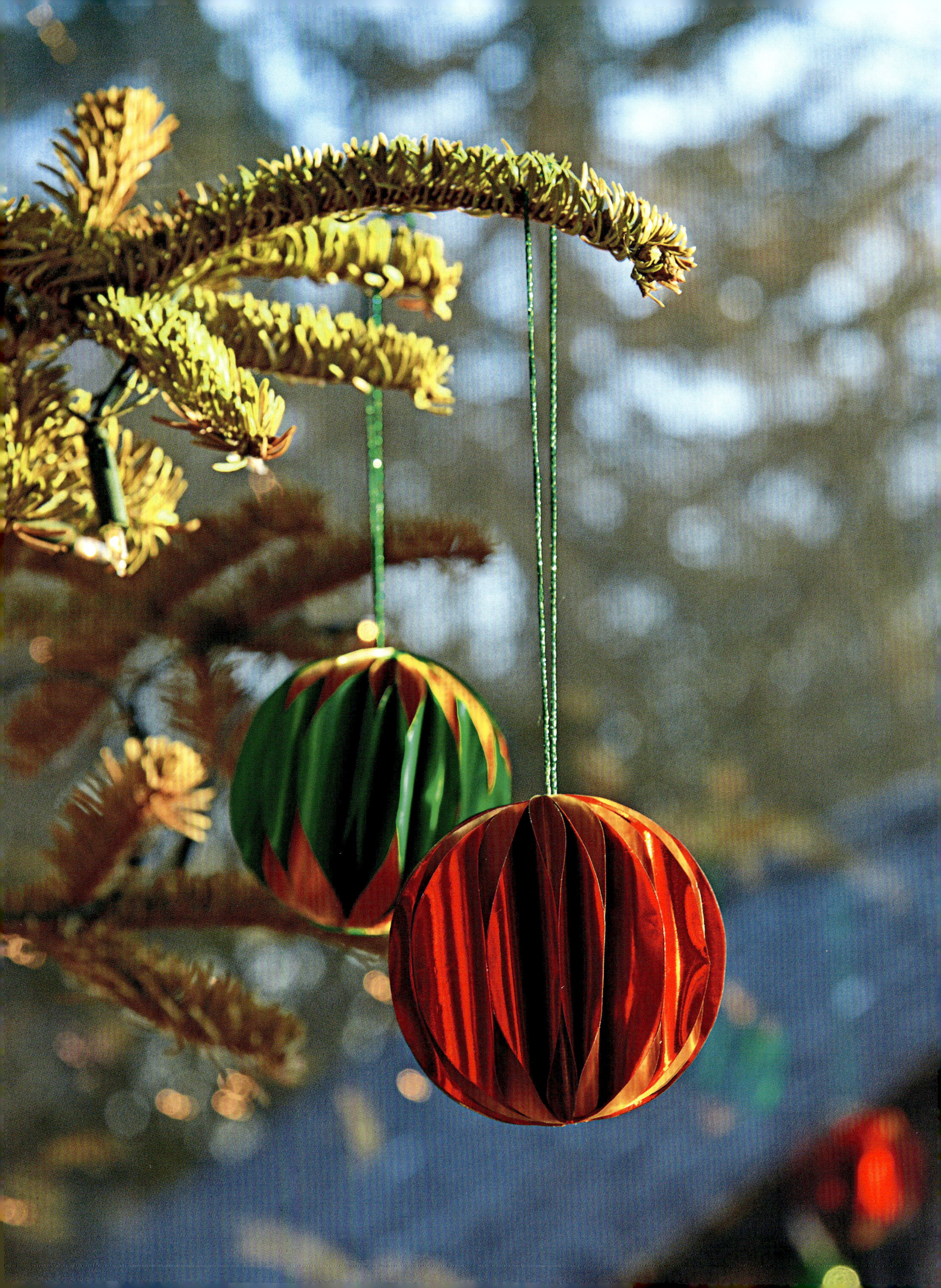

13

GOLDPAPIERKUGEL

Material

- Goldpapier
- Kartonrest
- Zirkel oder Glas in der gewünschten Größe
- Schere
- Flüssigkleber, z.B. Fixogum
- Bleistift
- Kordel

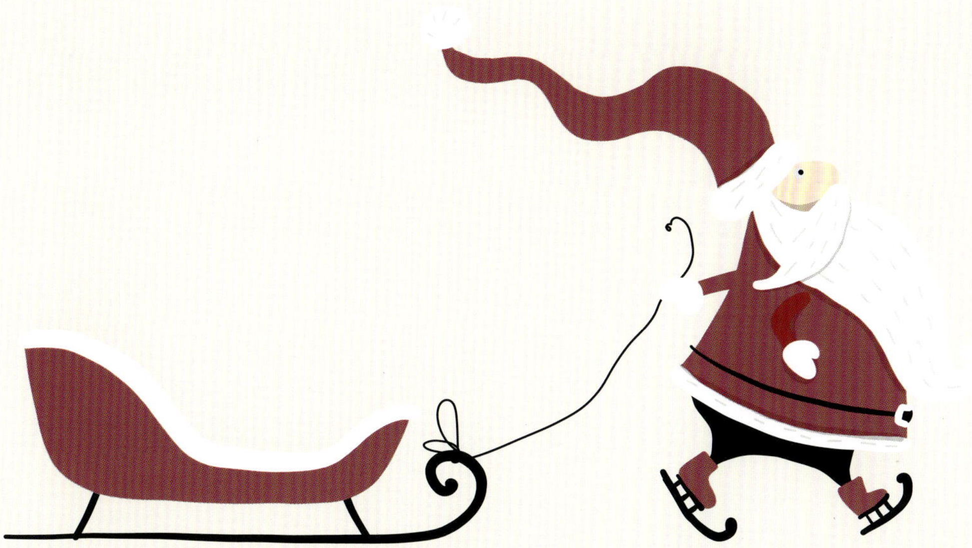

So wird's gemacht

Mithilfe des Zirkels einen Halbkreis (hier: 9 cm Kugeldurchmesser) auf Karton zeichnen und als Schablone ausschneiden.

Das Goldpapier der Länge nach falten und mit dem Bleistift die Schablone am Knick ansetzen und nebeneinander die Halbkreise aufzeichnen ❶.

16 gefaltete Halbkreise einzeln ausschneiden (mehrere gleichzeitig auszuschneiden klappt nicht, da die Schnittkante zu unsauber wird) und Flüssigkleber an der Falzkante und leicht unten am Rand auftragen ❷ ❸.

Die Halbkreise wie eine Ziehharmonika aufeinanderschichten und zusammenkleben ❹.

Beim letzten Kreis in der Mitte die Kordel ankleben und trocknen lassen ❺.

Wenn alles gut durchgetrocknet ist, kann man die Papierschichten vorsichtig aufziehen und die beiden äußersten durch Kleben verbinden.

Mit der Hand oder einem Pinselstiel die Kreise gleichmäßig über den ganzen Kugelumfang verteilen und in Form bringen.

Tipps: Wenn während der Trocknungsphase die Kreise mit Klammern fixiert werden, verrutscht nichts ❻.

Bei dieser Kugel kann auch wunderbar mit unterschiedlichen Durchmessern experimentiert werden und vielleicht auch ein sehr großes Exemplar als Fensterschmuck hergestellt werden.

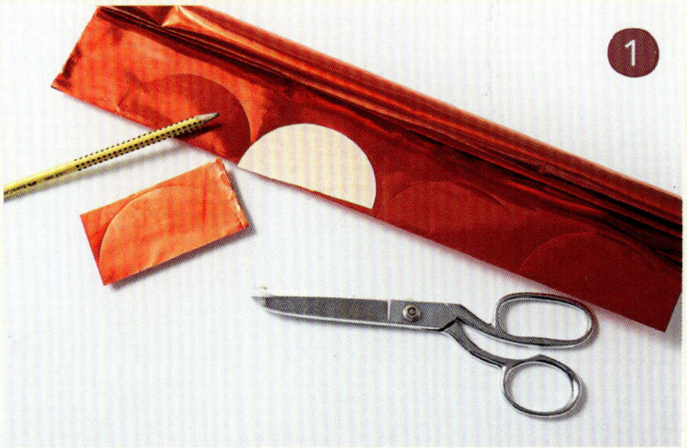
1

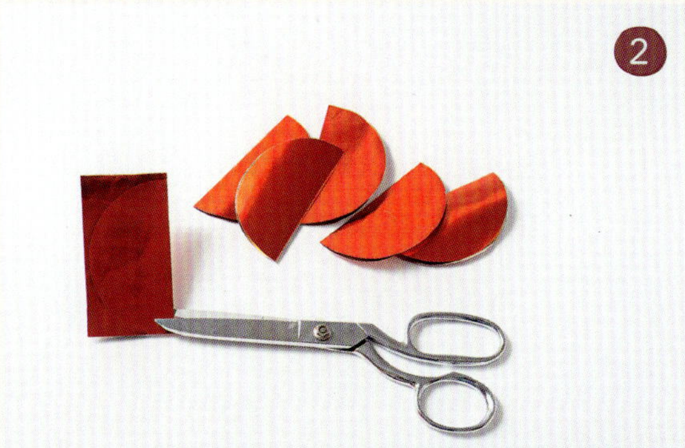
2

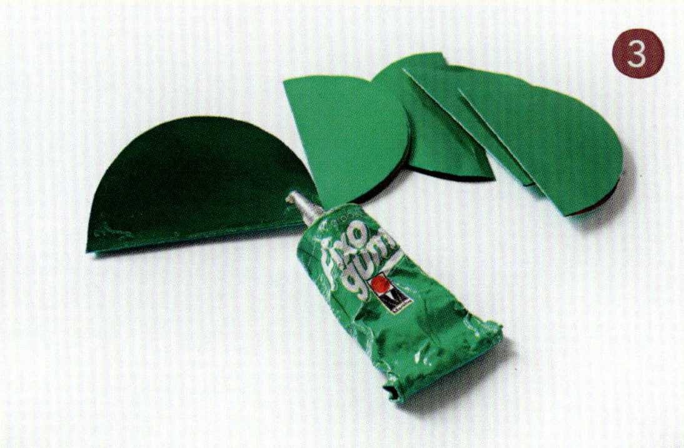
3
fixo gum

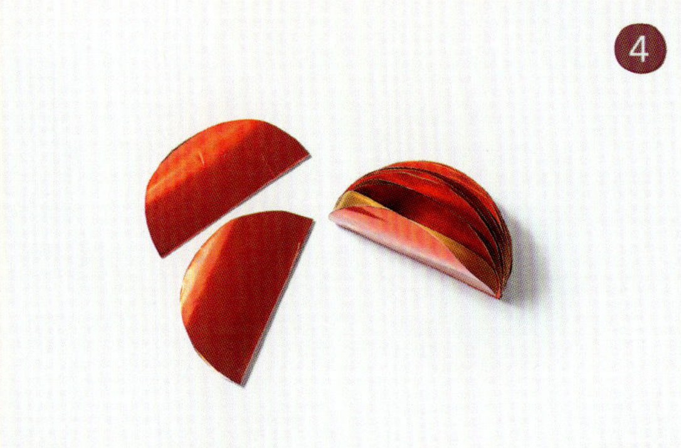
4

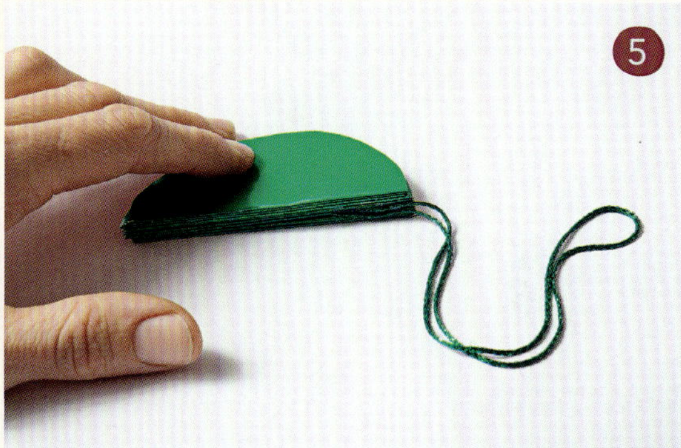
5

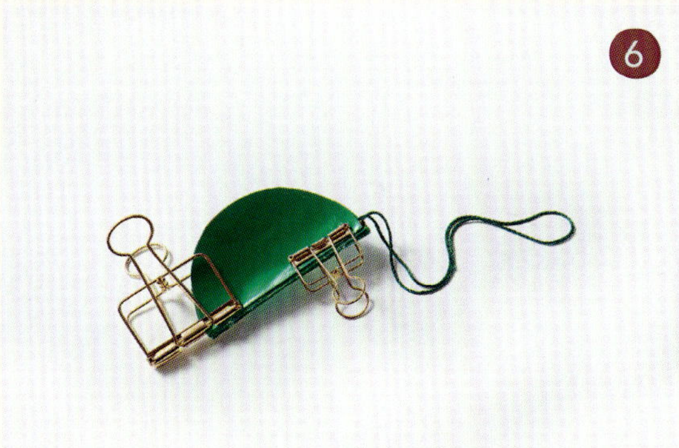
6

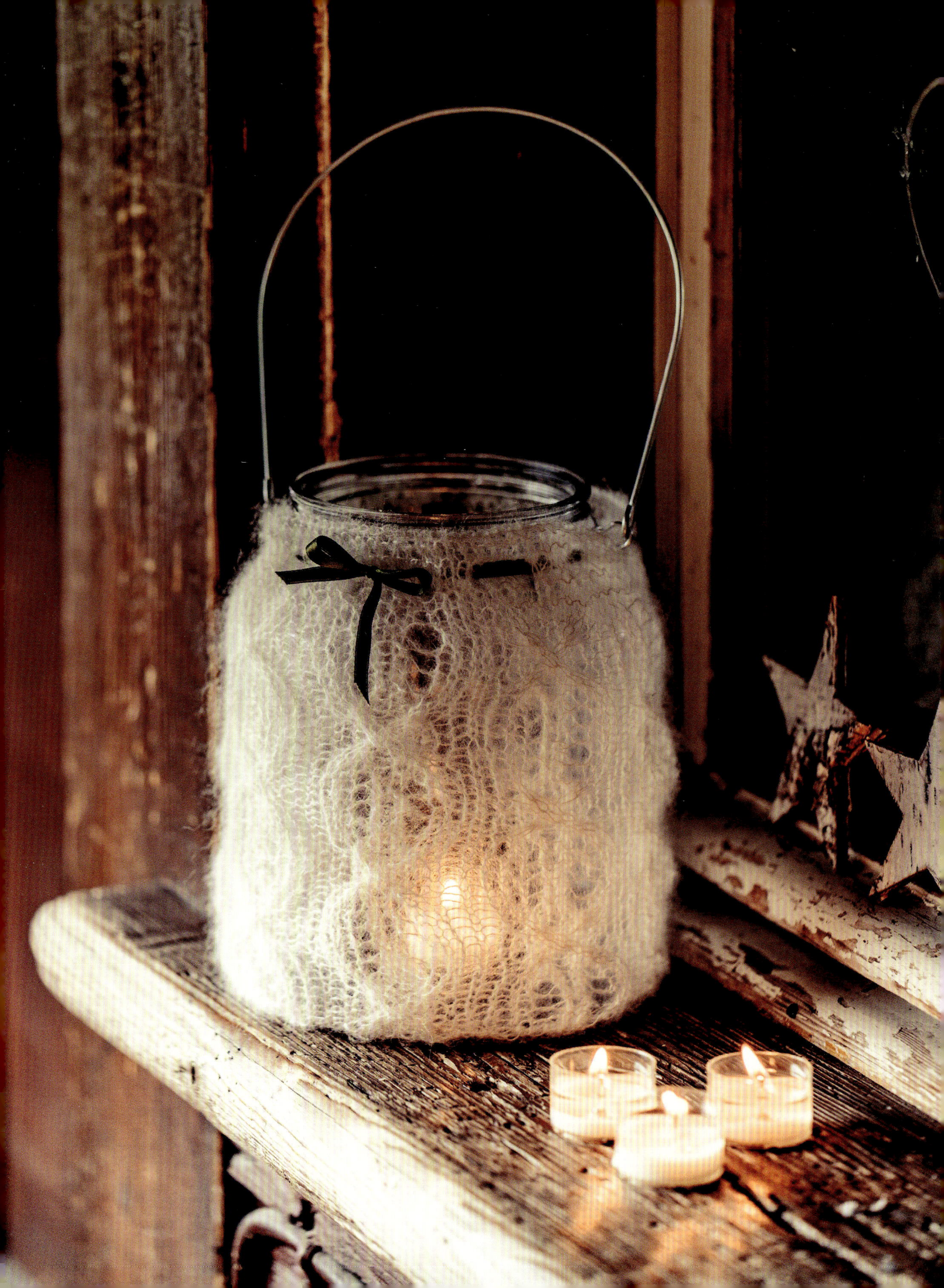

14

LATERNE IM AJOURZOPFMUSTER

Größe: Umfang ca. 53 cm, Höhe 20 cm

Material

- Lana Grossa „Silkhair“ (70 % Mohair, 30 % Seide, Lauflänge 210 m/25 g) 25 g Rohweiß (Farbe 52)
- Nadelspiel Nr. 5
- Hilfs- oder Zopfnadel
- Satinband in Grün, 6 mm breit, ca. 50 cm lang
- Windlicht, 20,5 cm hoch, Ø 16 cm

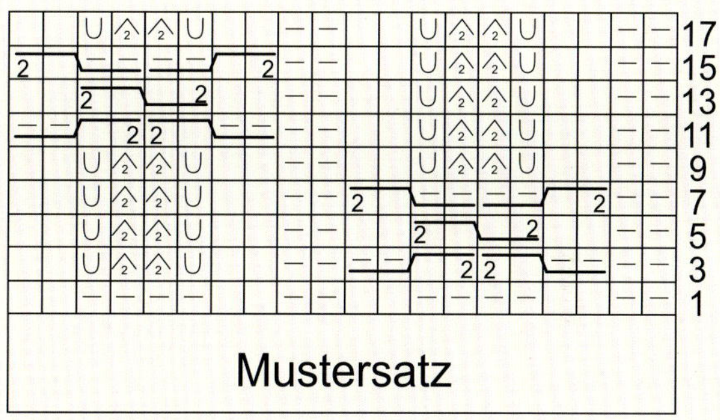

Zeichenerklärung

- ☐ = 1 Masche rechts
- ⊟ = 1 Masche links
- = 2 Masche links zusammenstricken
- U = 1 Umschlag
- = 2 Maschen auf eine Hilfsnadel vor die Arbeit legen, 2 Maschen rechts stricken, dann die Maschen der Hilfsnadel rechts stricken
- = 2 Maschen auf eine Hilfsnadel vor die Arbeit legen, 2 Maschen links stricken, dann die Maschen der Hilfsnadel rechts stricken
- = 2 Maschen auf eine Hilfsnadel hinter die Arbeit legen, 2 Maschen rechts stricken, dann die Maschen der Hilfsnadel links stricken

Muster

Kraus rechts: 1 Runde rechte Maschen und 1 Runde linke Maschen im Wechsel stricken.

Ajourzopfmuster: Nach der Strickschrift stricken. Es sind nur die ungeraden Runden gezeichnet, in den geraden Runden die Maschen stricken, wie sie erscheinen, Umschläge links stricken. Den Mustersatz von 20 Maschen 4x pro Runde arbeiten. Die 1.–18. Runde 1x stricken, dann die 3.–18. Runde 2x arbeiten = 50 Runden.

Lochrunde: * 2 Maschen rechts zusammenstricken, 1 Umschlag, 2 Maschen rechts, ab * 20x arbeiten. In der folgenden Runde alle Maschen und Umschläge rechts stricken.

Maschenprobe

Im Ajourzopfmuster sind 15 Maschen und 30,5 Runden = 10 x 10 cm

So wird's gemacht

80 Maschen anschlagen, die Maschen auf 4 Nadeln verteilen und 50 Runden im Ajourzopfmuster stricken. Nun 4 Runden kraus rechts, danach 1 Lochrunde stricken. In der folgenden Runde alle Maschen und Umschläge rechts stricken. Dann weitere 4 Runden kraus rechts stricken. Alle Maschen locker abketten.

Fertigstellung: Das Satinband in die Lochrunde einziehen und zur Schleife binden.

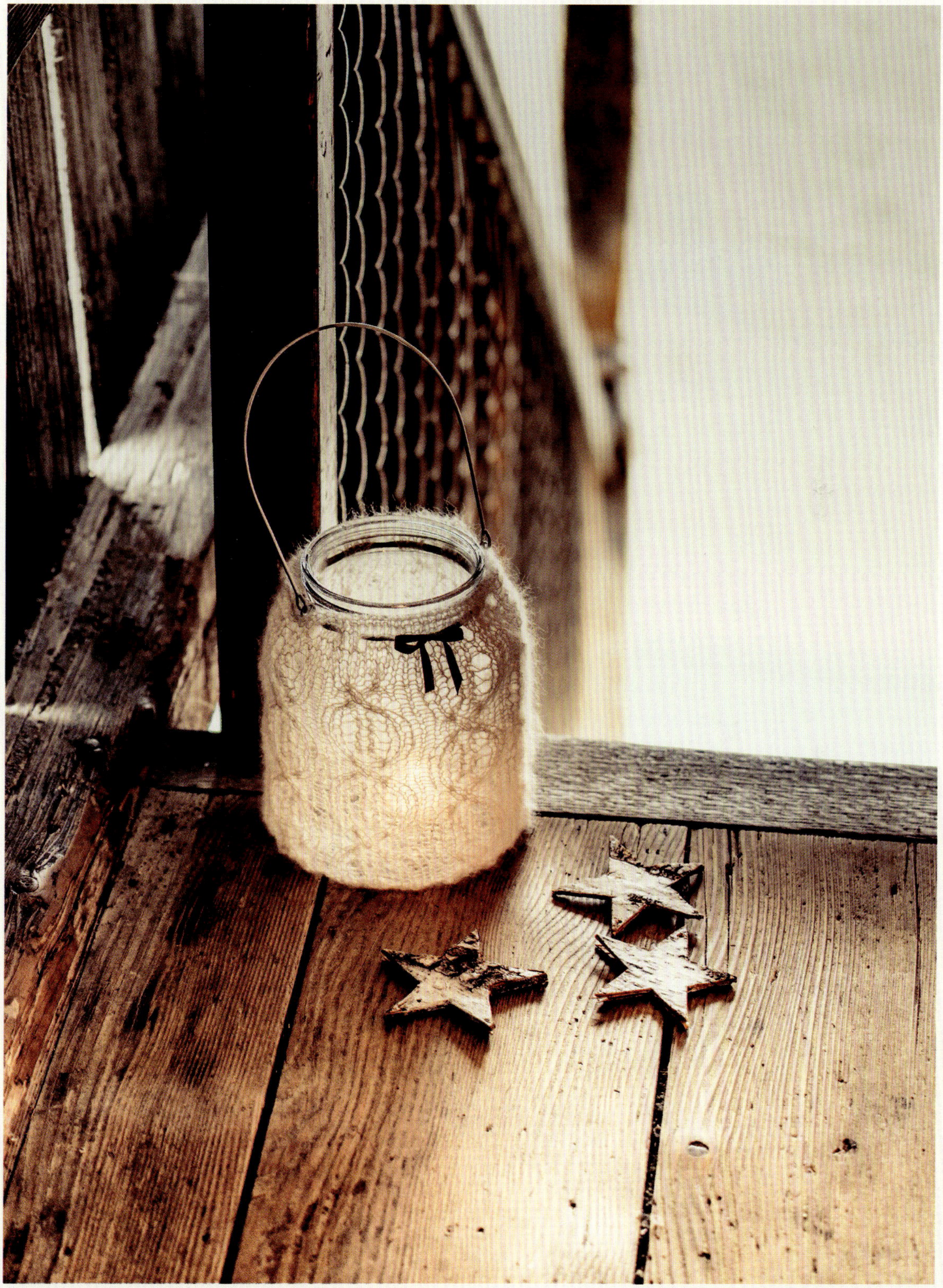

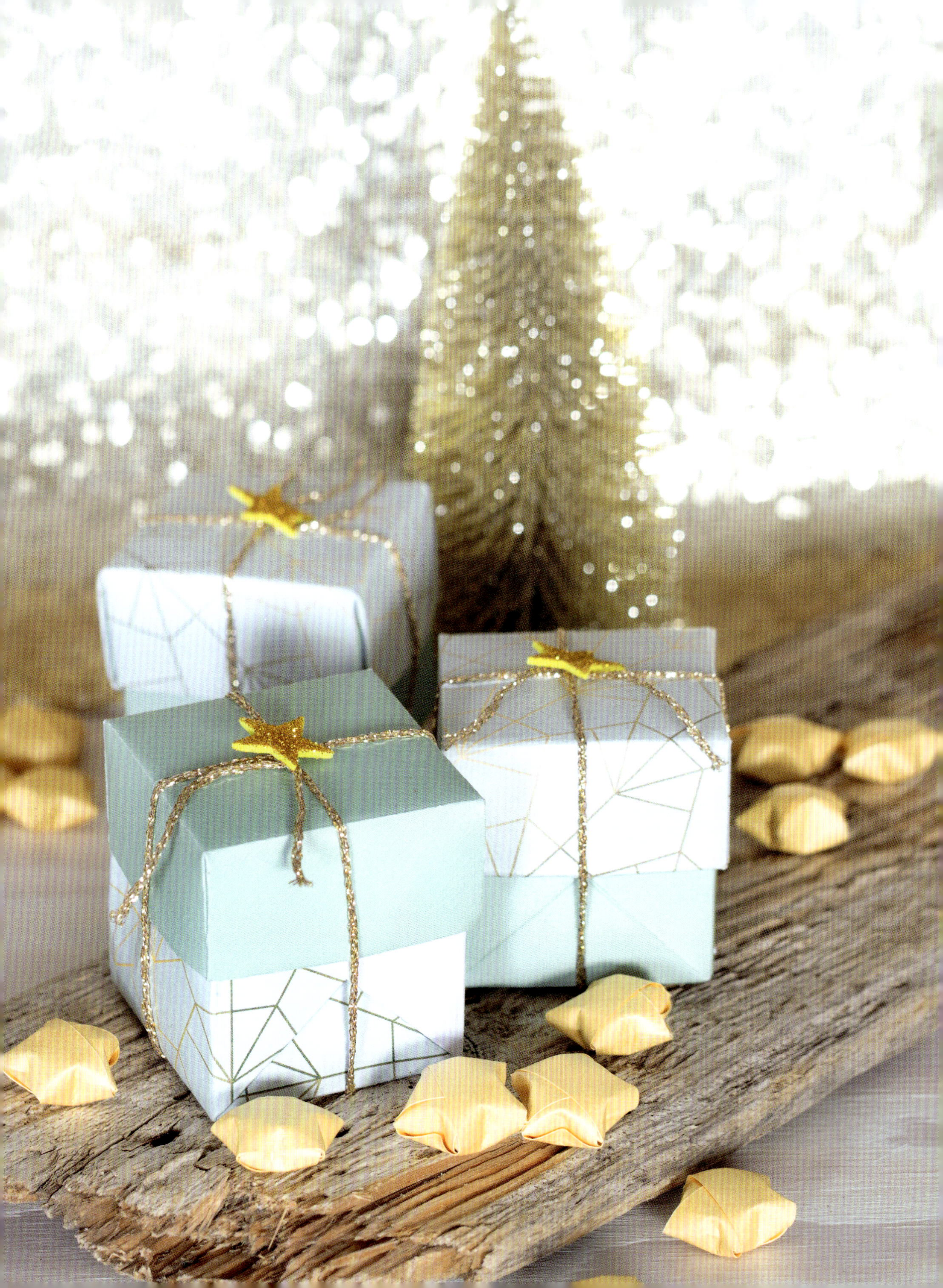

15

ORIGAMI-GESCHENKBOX

Material

• Papier 21 cm x 27,2 cm

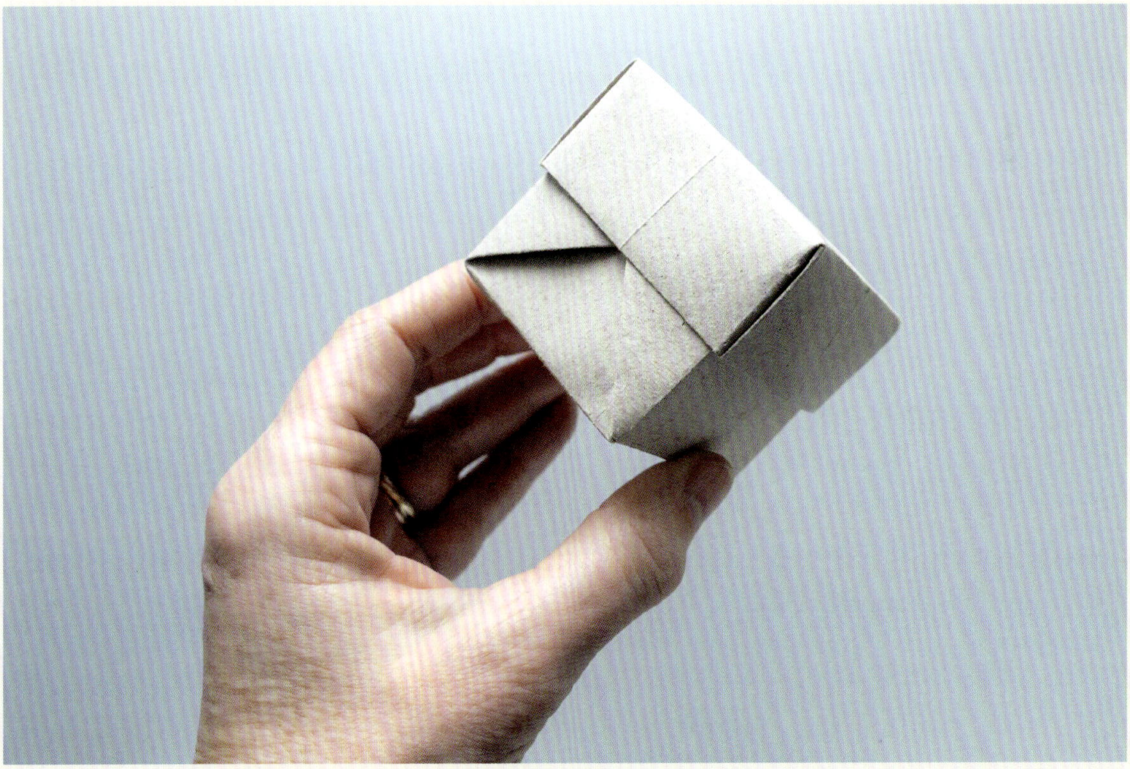

So wird's gemacht

Den Bogen Papier mit der farbigen oder gemusterten Seite nach unten legen. Das Papier sollte nicht zu dünn sein und mindestens 100 g haben. Den Bogen einmal nach oben falten ❶.

Dann ein zweites Mal nach oben falten und gleich wieder öffnen. Die offenen Seiten zeigen nach oben ❷.

Die unteren beiden Ecken komplett zur Mittellinie falten. Von den oberen Ecken nur die vorderen zur Mittellinie falten ❸.

Dann die linke und rechte Seite jeweils um ein Drittel zur Mitte falten und wieder öffnen ❹.

Die obere vordere Hälfte nach unten falten. Gut feststreichen ❺.

Nun lässt sich die Schachtel bereits mit den Fingern zur Hälfte ausformen ❻.

An der zweiten Seite fasst man dann die Spitzen zusammen und streicht die Kanten glatt ❼.

Anschließend steckt man die so entstandenen Spitzen in die Laschen an den Seiten der Box ❽ ❾.

Alle Kanten noch mal ein wenig ausformen. Fertig ❿!

Tipp: Die Schachtel funktioniert auch mit einem klassischen A4-Bogen, dann ist sie allerdings nicht quadratisch. ansonsten muss das unten angegebene Maß jeweils auf die entsprechende Breite umgerechnet werden.

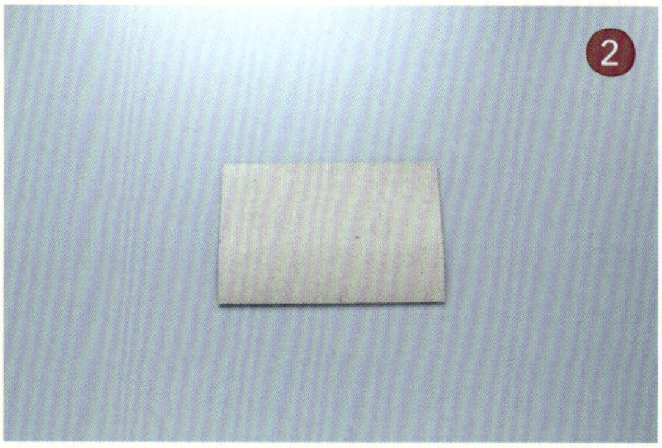

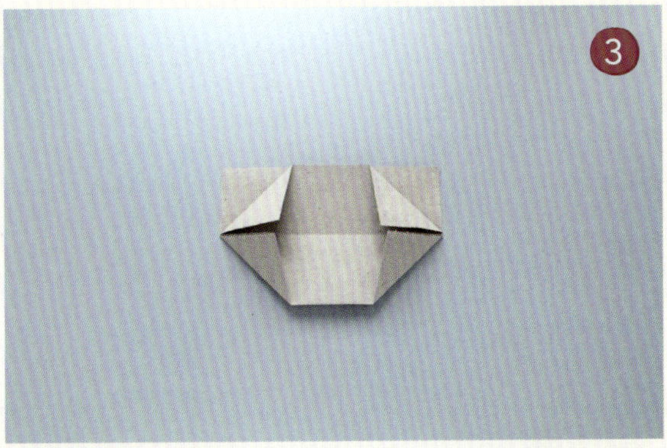
3

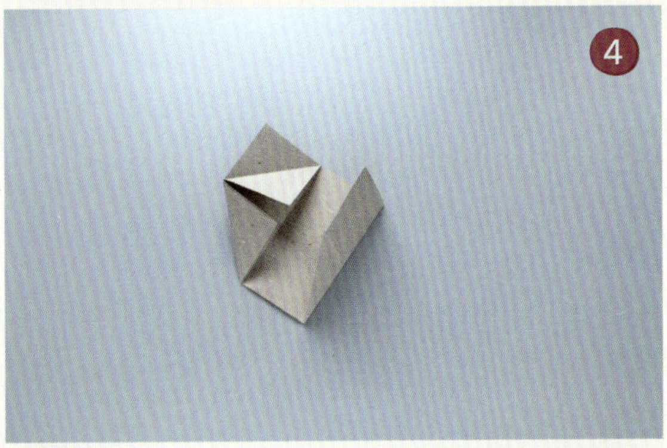
4

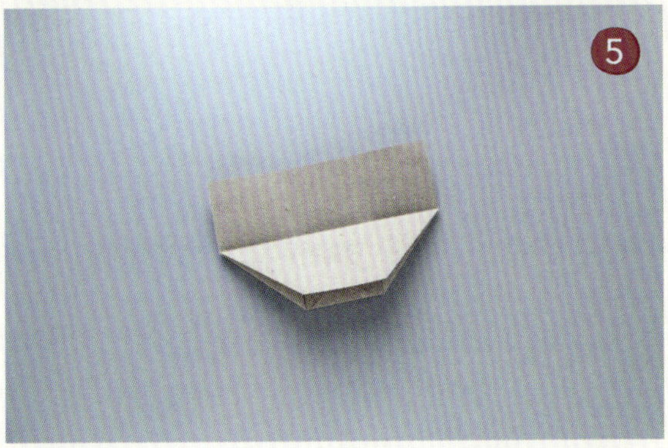
5

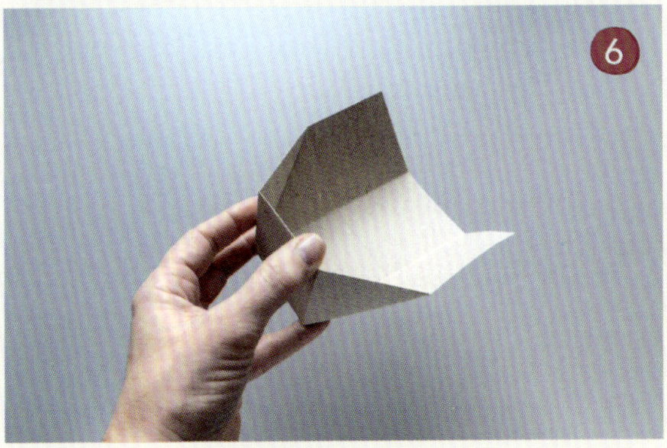
6

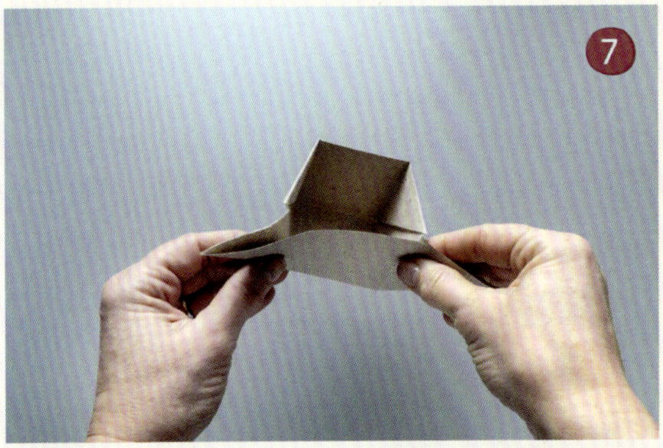
7

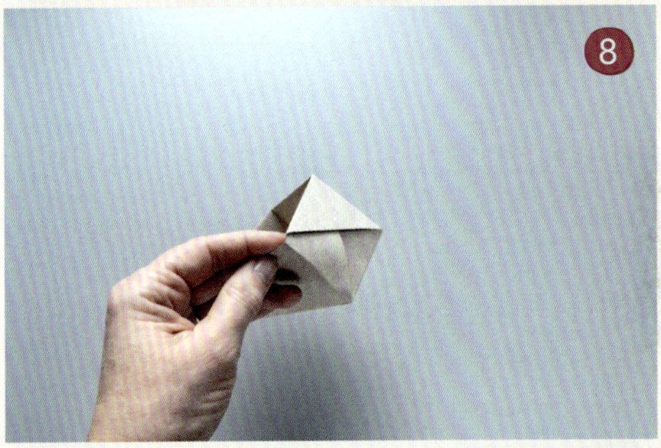
8

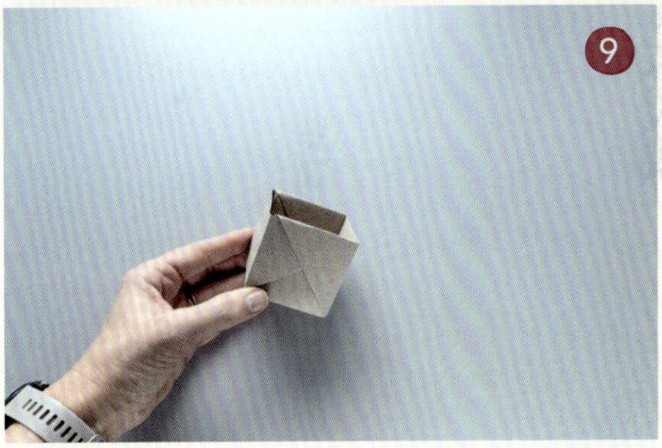
9

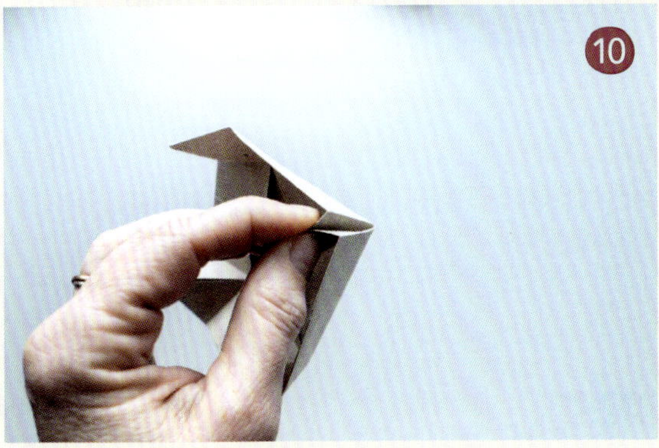
10

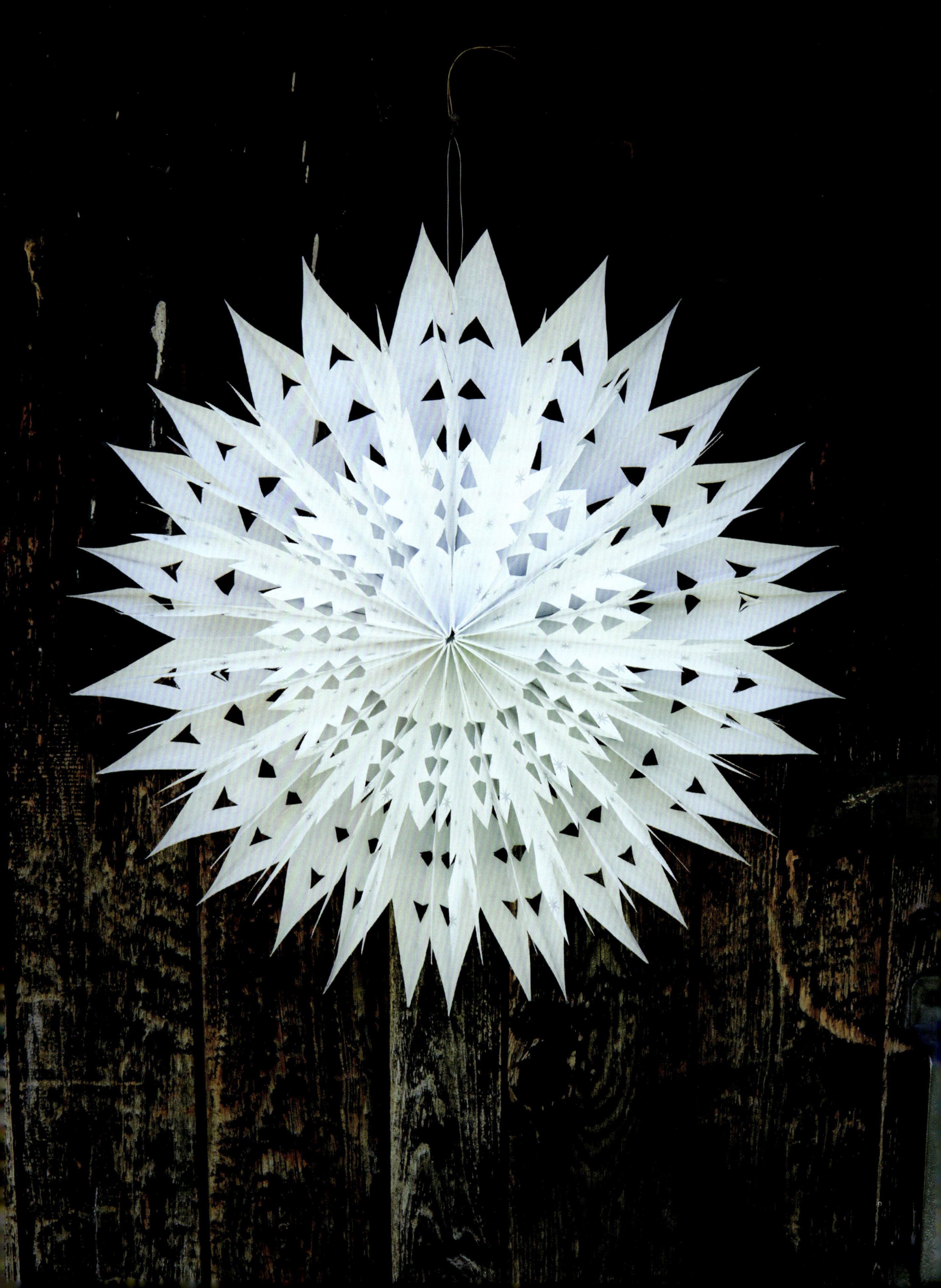

16

ZAUBERTÜTEN-STERN

Material

- 18 weiße Zaubertüten mit silbernen Sternen von Rayher
- Klebestift
- Scharfe Schere
- Klammer
- Vorlage (siehe Seite 88)
- Band/Faden zur Aufhängung

So wird's gemacht

Die Vorlage auf einen Karton abpausen und ausschneiden.

Immer 3 Tüten mit Klebestift in T-Form bestreichen und beschweren, dies 6 x wiederholen. Maximal mit 3 Tütenlagen arbeiten, da sie sich sonst nicht sauber schneiden lassen ❶.

Die Vorlage mit Bleistift jeweils auf die oberste Tüte übertragen, mit einer Klammer fixieren, sodass die Tüten nicht verrutschen ❷.

Die 6 Tütenpakete einzeln ausschneiden ❸.

Mittig und unten den Klebstoff auftragen und die Lagen aneinanderkleben, mit einem Gewicht beschwert trocknen lassen ❹.

In die äußersten Lagen Löcher stanzen und den Stern mit einem Band schließen.

Tipp: Damit der Stern auch im nächsten Jahr noch toll aussieht, diesen eingeklappt aufbewahren. Dafür einfach die Schnur durchschneiden und den Stern einklappen.

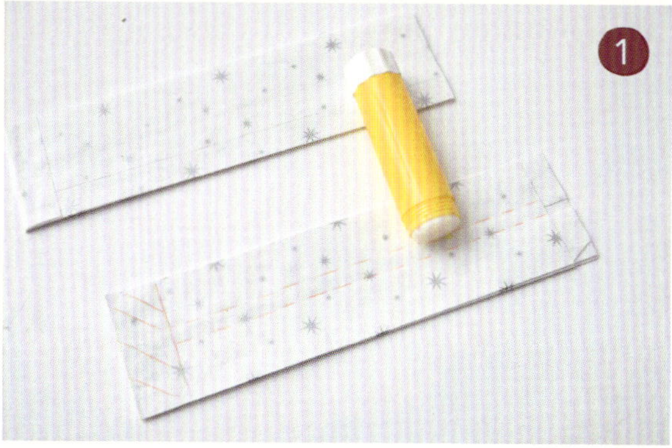

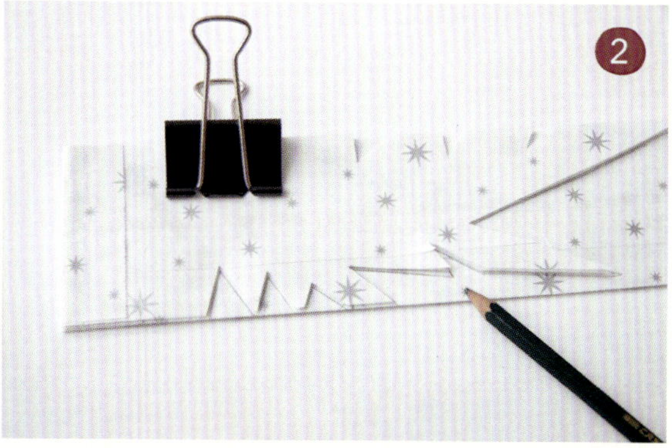

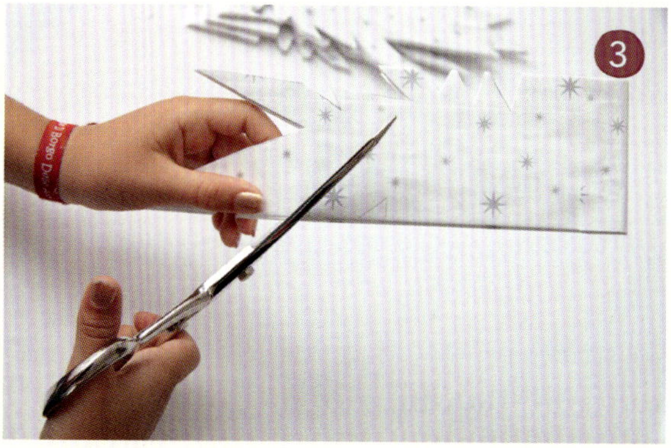

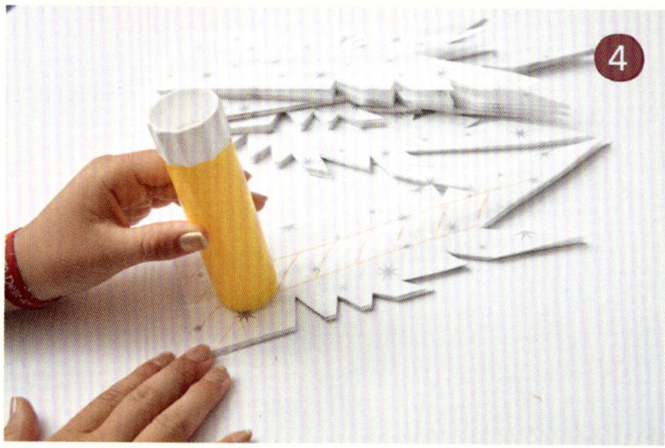

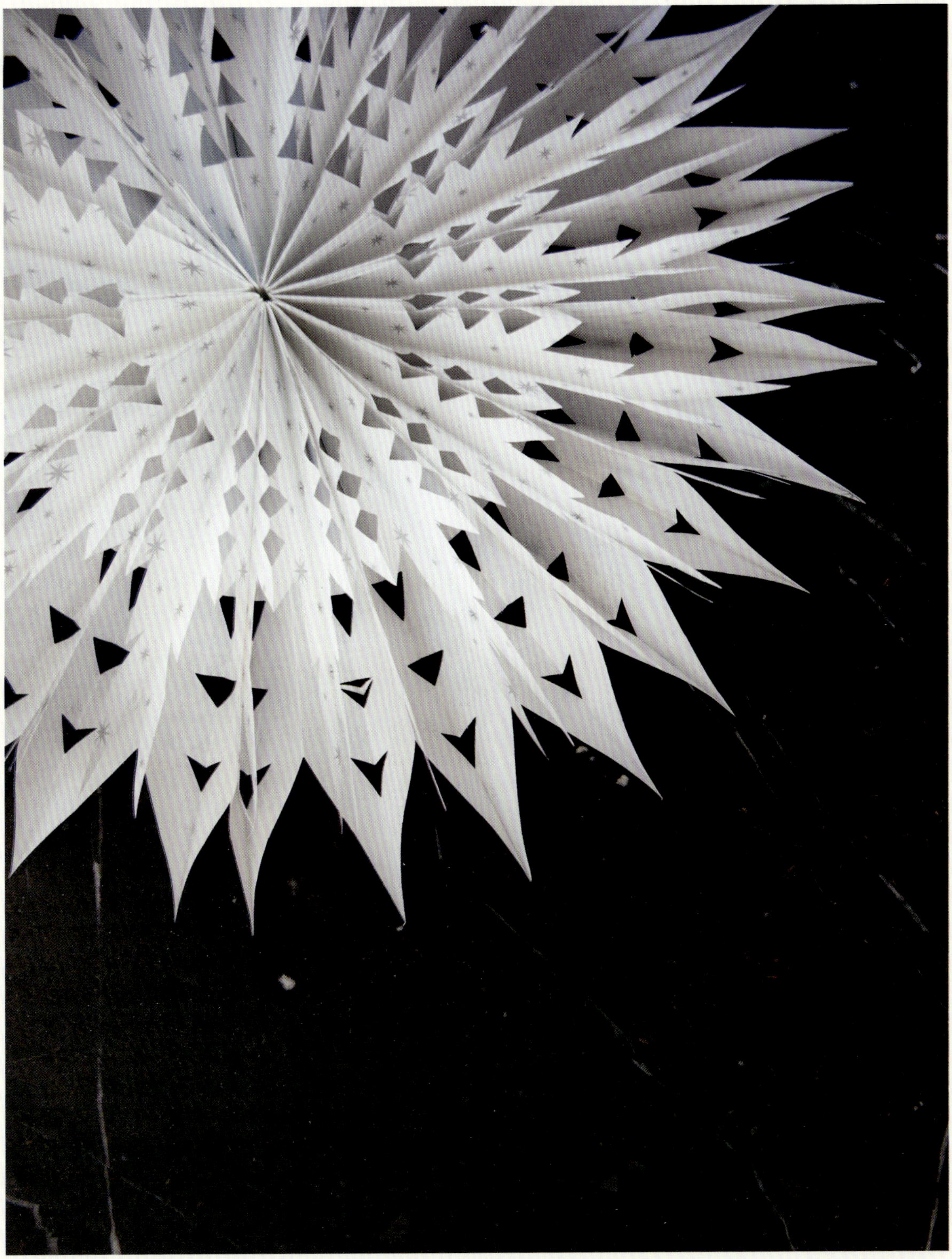

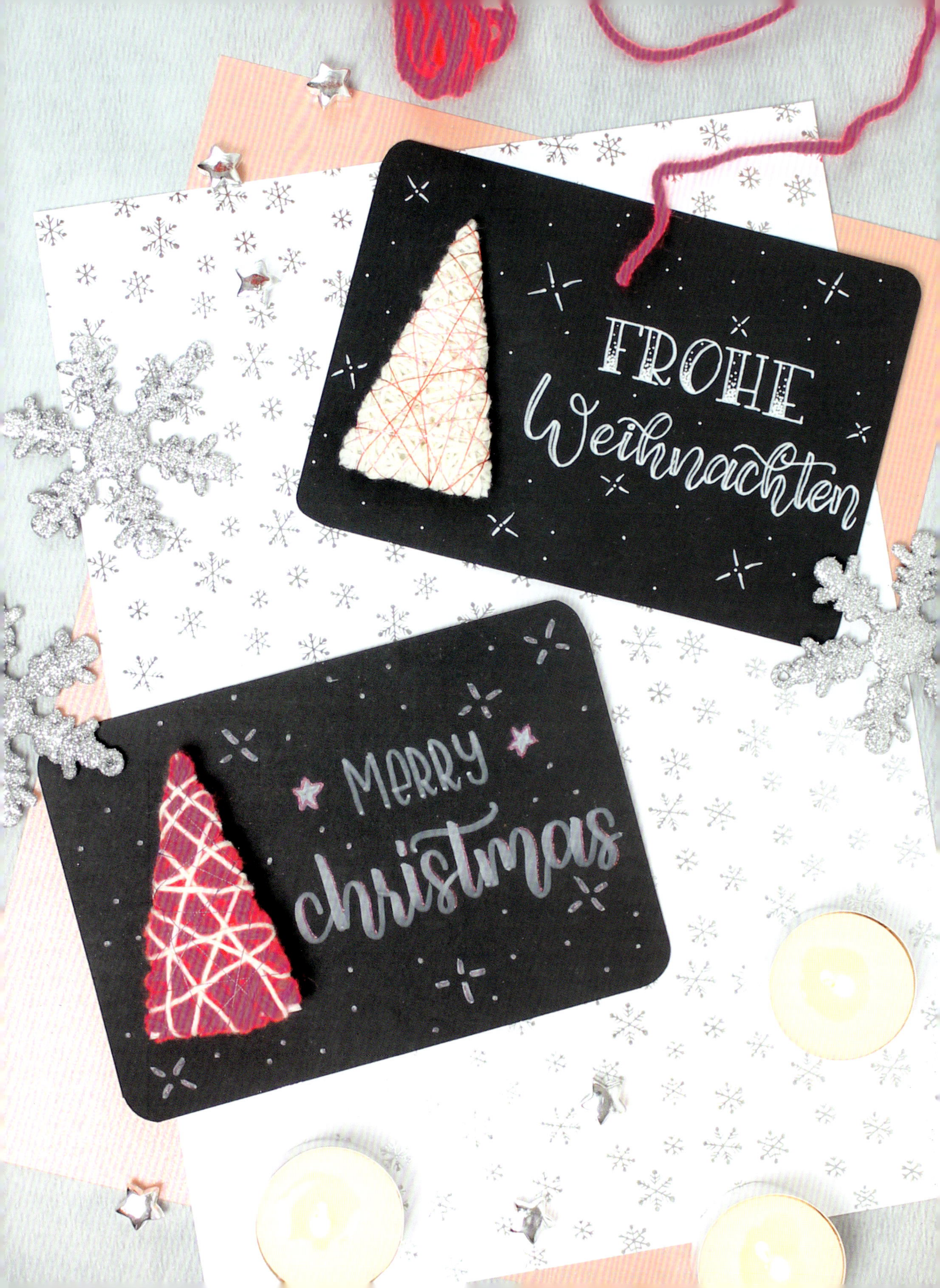
FROHE
Weihnachten
Merry
christmas

17

TANNENBAUM IN WICKELOPTIK

Material

- Schwarzer Tonkarton, A6
- Weißer Stift
- Kartonreste
- Woll- und Garnreste
- Doppelseitiges Klebeband
- Leim (Heißleim)
- Ecklocher

So wird's gemacht

Aus Karton ein Dreieck in Tannenbaumform ausschneiden (Breite: 4 cm, Höhe: 7 cm). Die Ecken mit doppelseitigem Klebeband bekleben, damit das Garn besser hält.

Wickeln Sie die Wolle oder das Garn kreuz und quer um den Karton. Befestigen Sie die Fäden auf der Rückseite mit Klebeband, so dass sie nicht sofort wieder verrutschen. Benutzen Sie mehrere Farben in verschiedenen Dicken.

Runden Sie die Ecken der Karte mit einem Ecklocher ab und kleben Sie den Tannenbaum mit Heißleim auf den Tonkarton.

Schreiben Sie mit einem weißen Stift Ihre Botschaft auf die Karte. Für das „Frohe" verdoppeln Sie jeweils die erste (vertikale) Linie eines Buchstabens, so dass der Buchstabe einen dicken Stamm hat. Darin werden weiße Punkte verteilt, die Sie nach unten verdichten und nach oben auslaufen lassen.

„Weihnachten" wird in einer Schreibschrift geschrieben und bei allen Abstrichen wird mit der „Faux Calligraphy" die Linie verdoppelt.

Zum Schluss können Sie die Karten noch mit kleinen Sternen und Punkten verzieren.

Tipp: Sie können Ihre Botschaften anstatt mit einem gelben auch mit einem weißen Brush Pen zu Papier bringen und mit glitzernden Gelstiften verzieren.

MERRY

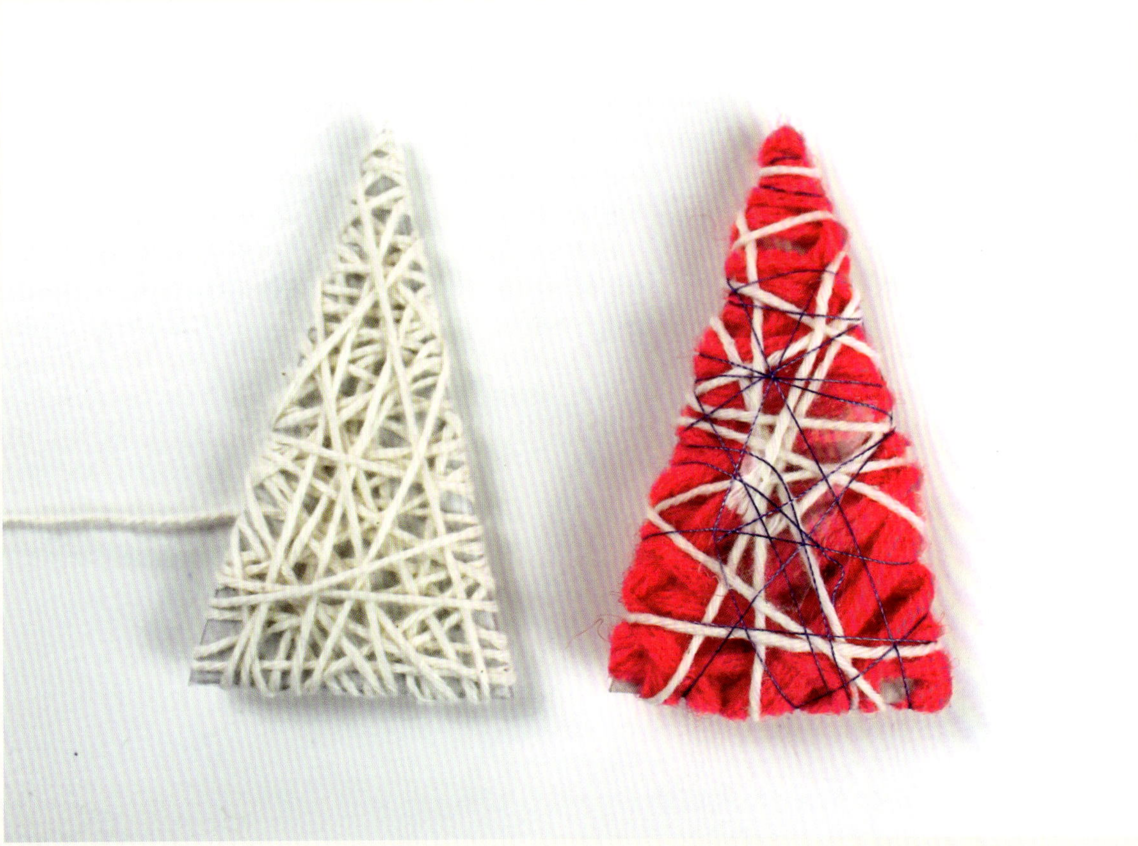

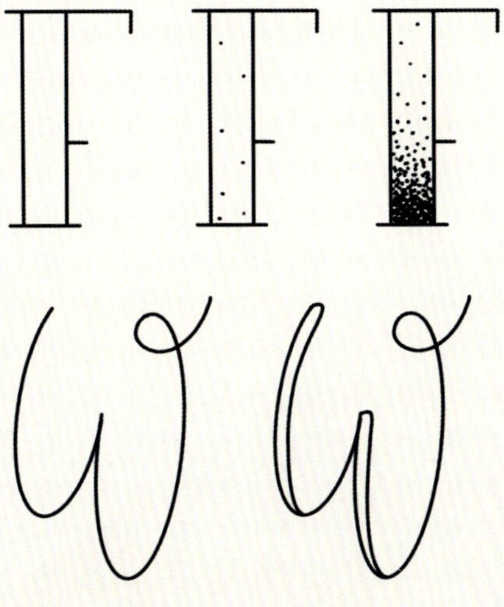

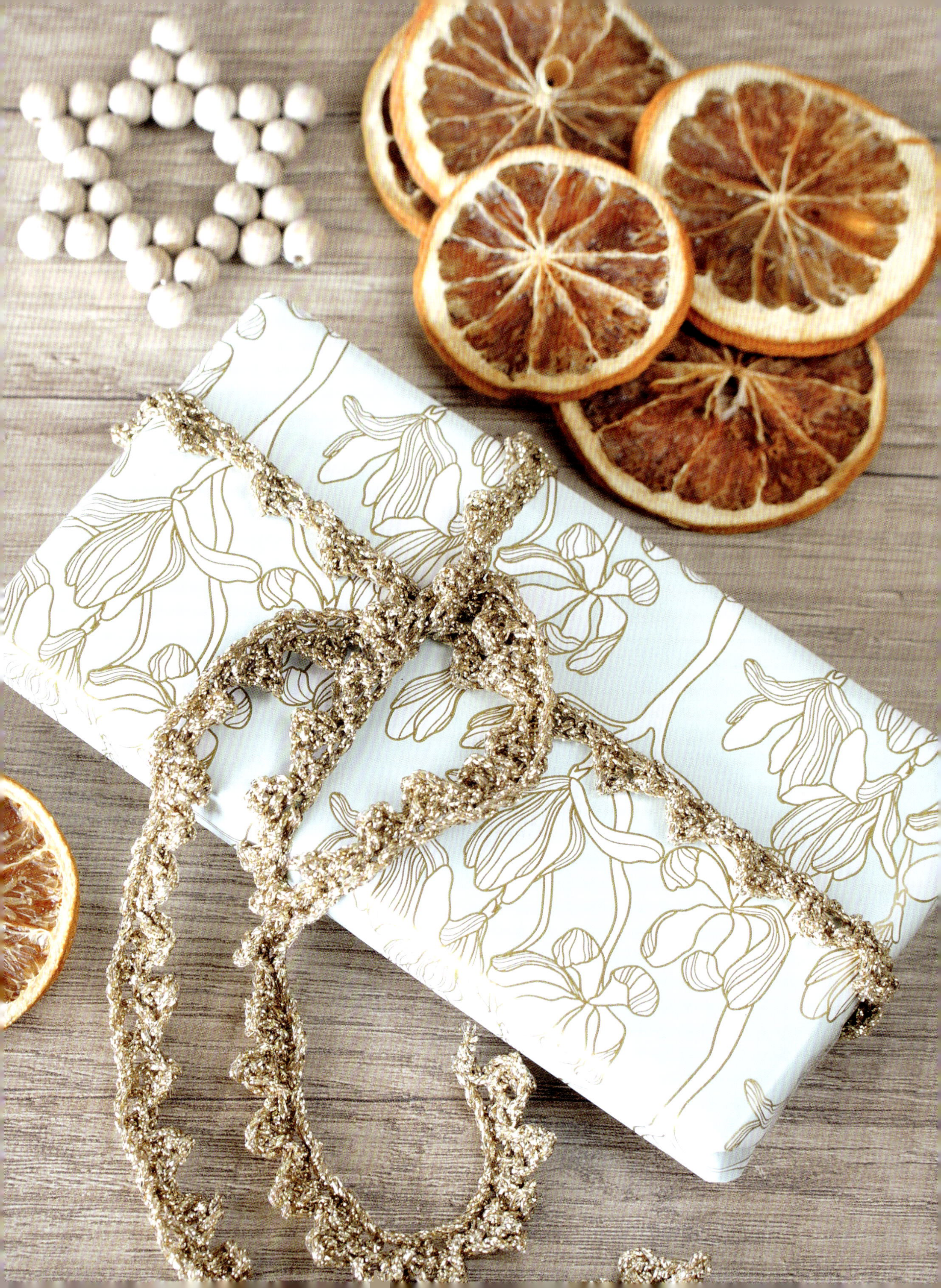

18

GESCHENKKORDEL

Material

- Goldenes Glitzergarn
- Häkelnadel
- Schere

So wird's gemacht

Zunächst mit einer Häkelnadel 200 Luftmaschen häkeln (bzw. so lang, wie die Schnur später werden soll), * in die 2. und 3. Luftmasche je 1 feste Masche häkeln. Anschließend 3 Luftmaschen häkeln und wieder 1 feste Masche in die 1. der 3 Luftmaschen. Dann 1 Kettmasche in die nächste Luftmasche der Reihe*. Von * bis * stets wiederholen.

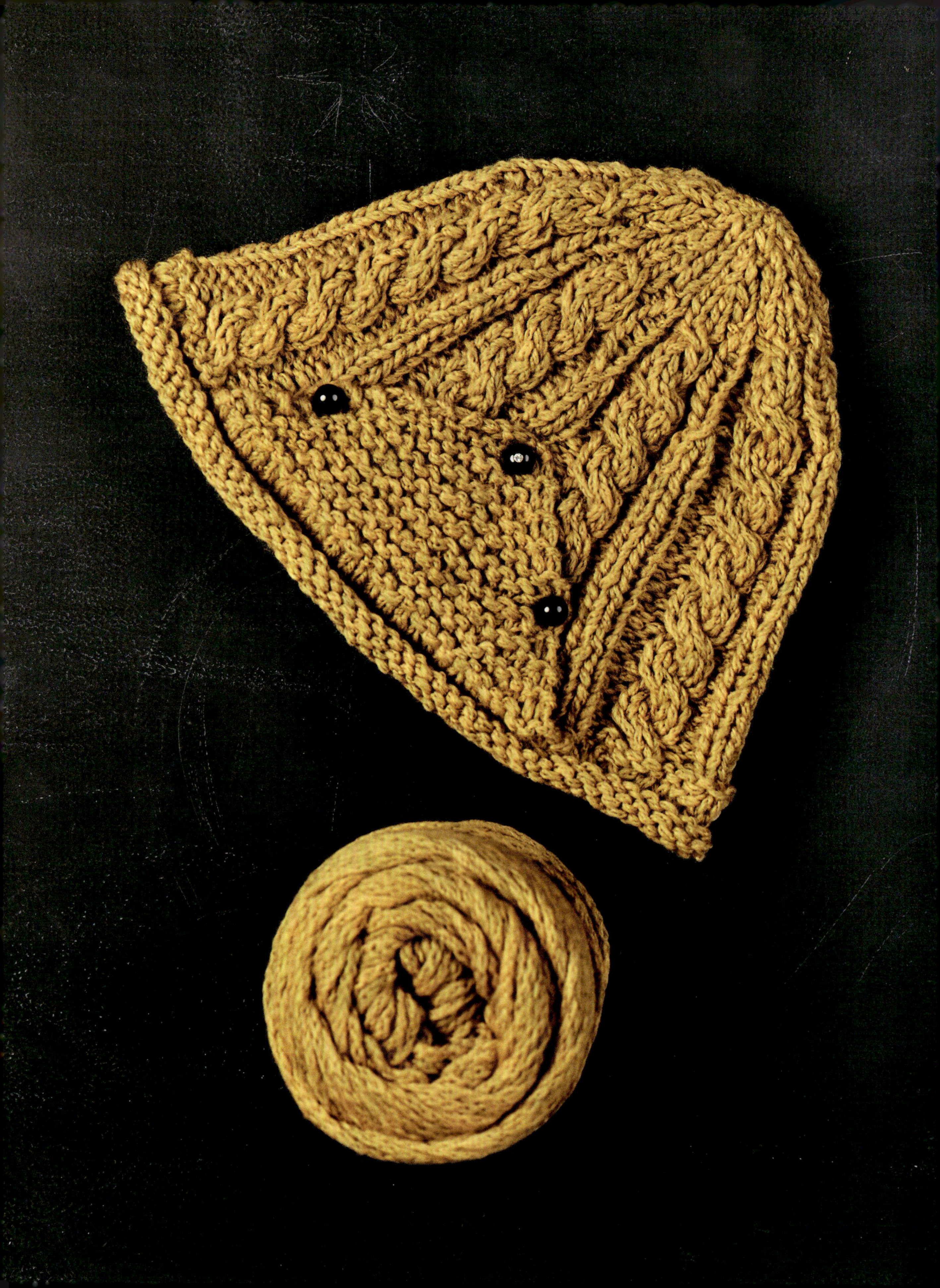

19

STRICKMÜTZE

Größe: Kopfumfang ca. 54–57 cm, ca. 20 cm hoch

Material

- Gedifra „Cuor di Merino 120" (97% Schurwolle, 3% Polyamid, Lauflänge ca. 120 m/50 g): 50 g Gelb/Curry (Farbe 132)
- CraSy Trio Nr. 7
- Rundstricknadel Nr. 6 mit 40 cm Seil
- Zopfnadel
- evtl. 1 Maschenmarkierer
- 2 schwarze Knöpfe ca. 1 cm Ø
- 1 schwarzer Knopf mit Glitzerstein ca. 1 cm Ø

Muster

Rippen-/Kordelmuster: M-Anzahl teilbar durch 10, siehe auch Strickschrift. 1. und 2. Runde: *2 M rechts, 2 M links, 4 M rechts, 2 M links*, von bis * fortlaufend wiederholen. 3. Runde: 2 M rechts, 2 M links, 2 M auf eine Zopfnadel (=ZN) vor die Arbeit legen, 2 M rechts, dann die 2 M der ZN rechts, 2 M links*, von * bis* fortlaufend wiederholen. 4. Runde: *2 M rechts, 2 M links, 4 M rechts,2 M links*, von * bis * fortlaufend wiederholen. Die 1. bis 4. Runde stets wiederholen.

Maschenprobe

In glatt rechts sind 16 M und 22 R = 10 x 10 cm

10	9	8	7	6	5	4	3	2	1	
-	-					-	-			4
-	-					-	-			3
-	-					-	-			2
-	-					-	-			1

Zeichenerklärung

□ = 1 Masche rechts

⊟ = 1 Masche links

= 2 Maschen auf eine Hilfsnadel vor die Arbeit legen, 2 Maschen rechts stricken, dann die Maschen der Hilfsnadel rechts stricken

So wird's gemacht

Hinweis: Die umgeschlagene „Mützenklappe" wird zunächst in Reihen gestrickt, dann werden Maschen aufgestrickt und die Mütze wird in Runden weitergearbeitet.

7 Maschen auf einer Trionadel Nr. 7 anschlagen. Eine Reihe alle Maschen rechts stricken. Folgende Reihe wie folgt zunehmen: 1 Masche rechts, 1 Masche aus dem Querfaden zunehmen, rechts stricken bis zur letzten Masche, 1 Masche zunehmen, 1 M rechts (= 9 M). In der nächsten Reihe alle M rechts stricken. Die letzten beiden Reihe 8 x wiederholen (= 25 M). Folgende Reihe alle Maschen links stricken, die Nadel nicht wenden, am Ende auf diese Trionadel 15 Maschen aufschlingen und bei der zweiten Trionadel 40 M aufschlingen (= 80 M). Zur Runde schließen und eine Runde rechte Maschen stricken. Folgende Runde alle Maschen links stricken. Es folgt das Rippen-/ Kordelmuster: Die 1.–4. Runde insgesamt 6x stricken (= 24 Runden).

Die Abnahmen wie folgt stricken, dabei die Rippen beibehalten, jedoch nach Abnahmen z. B. nur 1 Masche rechts stricken.

Folgende Runde jeweils in der 1. Rechts-Rippe 2 Maschen rechts zusammenstricken, sonst laut Muster. Runde 1 (= 72 Maschen). Eine Runde laut Muster. Runde 2. Folgende Runde jeweils in der 1. Links-Rippe 2 Maschen links zusammenstricken, sonst laut Muster. Runde 3 (= 64 Maschen). Eine Runde laut Muster. Runde 4. Folgende Runde jeweils in der Zopf-Rippe 2 x 2 Maschen rechts zusammenstricken, sonst laut Muster Runde 1 (= 48 Maschen). Eine Runde laut Muster. Runde 2. Folgende Runde den Zopf nur über 2 Maschen verzopfen jeweils in der 2. Links-Rippe 2 M links zusammenstricken, sonst laut Muster. Runde 3 (= 40 Maschen). Eine Runde laut Muster. Runde 4. Folgende Runde jeweils die ersten 2 Maschen rechts zusammenstricken, sonst laut Muster Runde 1 (= 32 Maschen). Eine Runde laut Muster. Runde 2. Folgende Runde 1 Masche rechts, 2 Maschen rechts zusammenstricken, 1 M links jeweils wiederholen (= 24 Maschen). Eine Runde laut Muster Runde 4. Folgende Runde fortlaufend 2 M rechts zusammenstricken (= 12 Maschen). Eine Runde alle Maschen rechts stricken. Die letzten beiden Runde wiederholen (= 6 Maschen). Die restlichen Maschen auf eine Wollnadel nehmen und fest zusammenziehen. Nach innen durchstechen und vernähen.

Für den Rollrand mit der Rundstricknadel Nr. 6 an der Bündchenkante 84 M aufnehmen.
5 Runden alle Maschen rechts stricken und dann alle Maschen abketten. Alle Fäden vernähen. Die „Klappe" nach oben legen und mit dem restlichen Anschlagfaden an der Mütze festnähen. Die drei Knöpfe platzieren und festnähen.

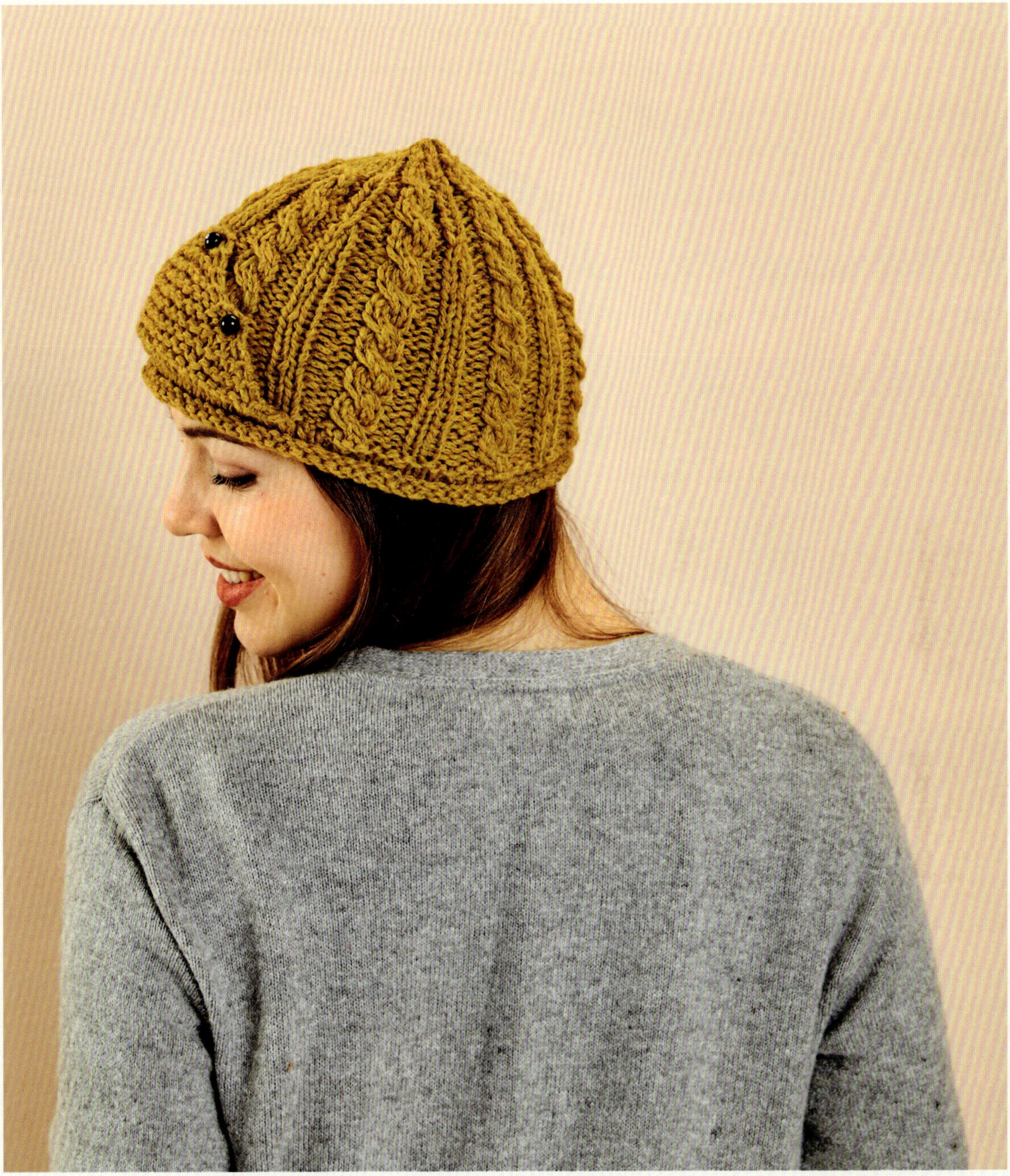

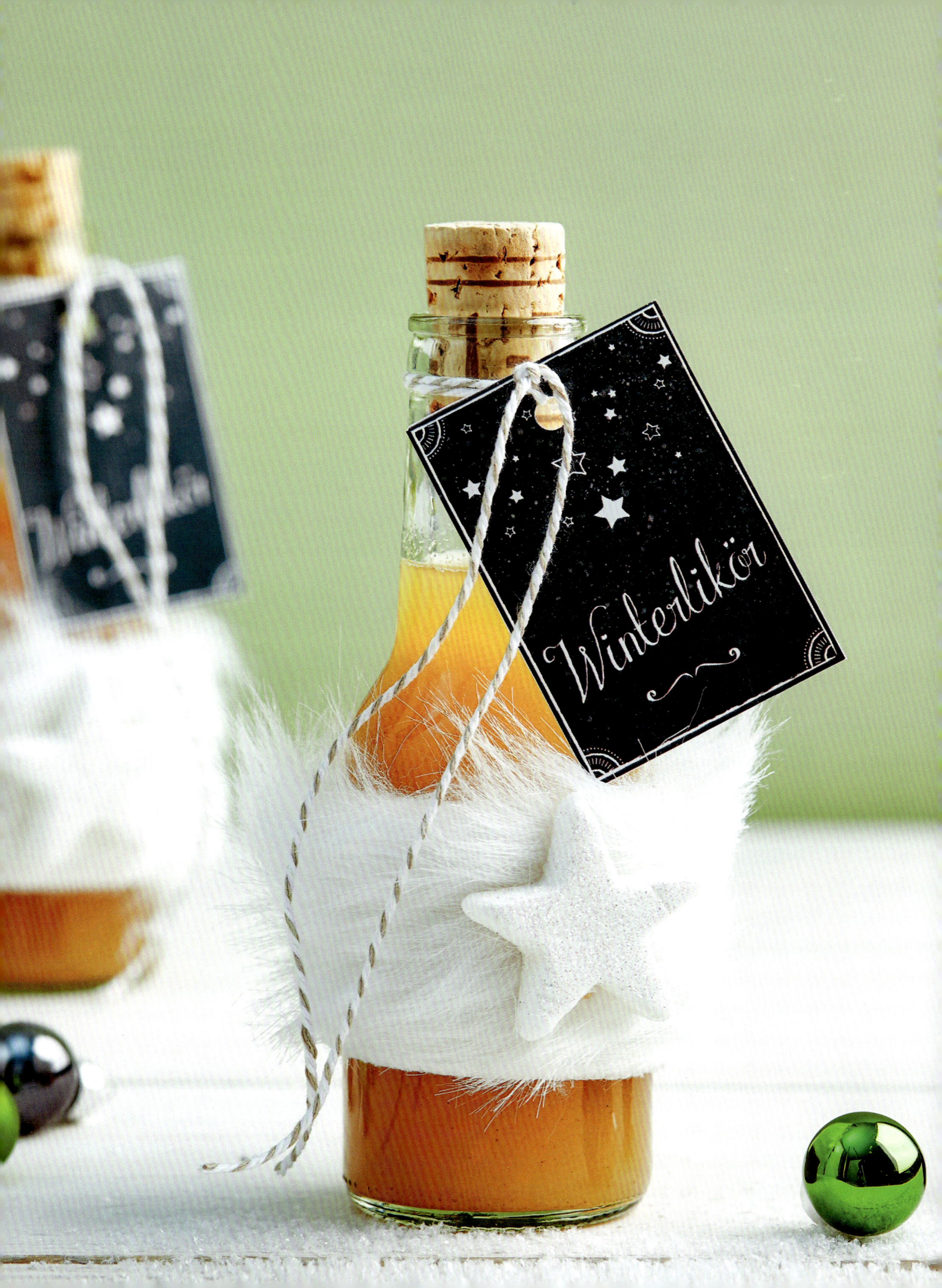
Winterlikör

20

WINTERLIKÖR

Material

Für etwa 1 l Likör

- 350 g Apfelmus
- 250 ml naturtrüber Apfelsaft
- 50 ml Wodka
- 125 g Zucker
- ½ TL Zimt

- Likörflaschen, 14 cm hoch
- Korken
- Kunstfellband in Weiß, 4 cm breit
- Sterne in Weiß, 4 cm
- Bäckergarn in Beige-Weiß
- Heißkleber

So wird's gemacht

Für den Likör alle Zutaten in einem Topf erwärmen, bis sich der Zucker aufgelöst hat; die Flüssigkeit dabei jedoch nicht zum Kochen bringen.

Je nach Geschmack können noch 50 ml Rum untergerührt werden.

Den Likör in die Flaschen füllen.

Die Flaschen mit je einem Korken verschließen und im Kühlschrank aufbewahren.

Vor dem Verschenken jeweils ein Stück Fellband und einen Stern mit Heißkleber befestigen. Mit Bäckergarn die Etiketten an die Flaschen knoten.

Tipp: Gekühlt ist der Likör etwa zwei Monate haltbar.

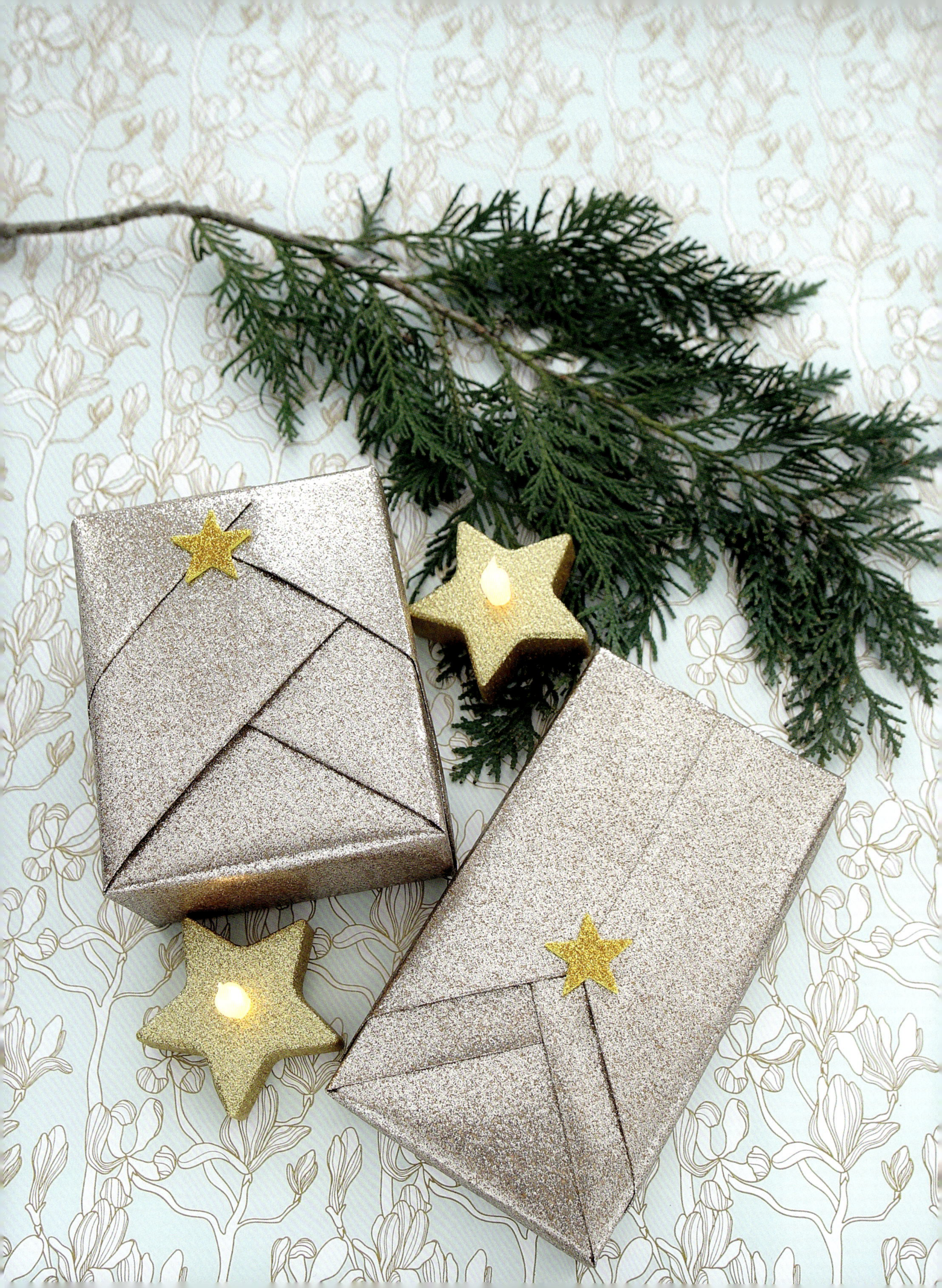

21

KUNSTVOLLES EINPACKEN

Material

- Geschenkpapier
- Doppelseitiges Klebeband
- Aufkleber
- Schere

So wird's gemacht

Nachdem das Papier zugeschnitten ist, legt man das Päckchen auf das Papier. Die schmale Kante sollte sich zu zwei Dritteln nach oben falten lassen ❶.

Nun klappt man das Papier über die Längsseite des Päckchens. Die Kante dabei am unteren Rand gut glatt streichen ❷.

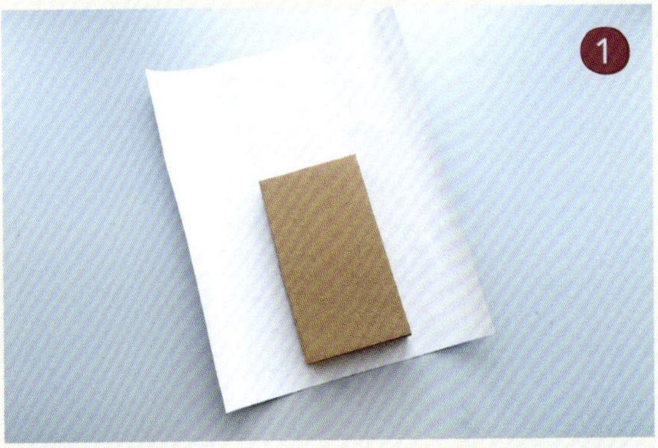

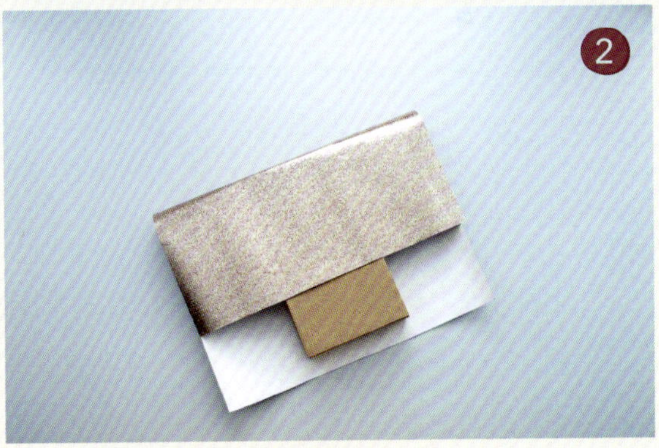

Jetzt klappt man die erste Seite ein. Dabei sollte die eingefaltete untere Kante parallel zur Oberkante verlaufen ❸.

Dann die komplette Seite über das Päckchen legen. Hier darauf achten, dass die Kanten auf dem Päckchen möglichst übereinanderliegen ❹.

Den gleichen Vorgang auf der anderen Seite wiederholen und auch hier das Papier über das Päckchen legen und glatt streichen ❺.

Nun kann man wieder die andere Seite nach oben und über das Päckchen legen ❻.

Auf der gegenüberliegenden Seite wiederholen. Wenn die Abschlusskante zu weit über die Mitte herausragt, faltet man sie anschließend ein wenig ein ❼.

Dann mit einem doppelseitigen Klebestreifen innen festkleben ❽.

Das Päckchen wenden und nun noch die kurze Seite verschließen. Auch hier ein doppelseitiges Klebeband verwenden ❾.

Das Päckchen wieder wenden. Alle Kanten noch mal gut glatt streichen ❿.

Nun kann man noch einen kleinen Aufkleber anbringen ⓫.

Tipp: So wird die Papiergröße bestimmt: Breite des Bogens: 2 x die Päckchenbreite + 2 x die Höhe des Päckchens + 1–2 cm, sodass das Papier beim Einschlagen auf dem Päckchen überlappt. Länge des Bogens: Päckchenlänge + 2 x Päckchenhöhe und noch einmal ein Drittel der Päckchenlänge.

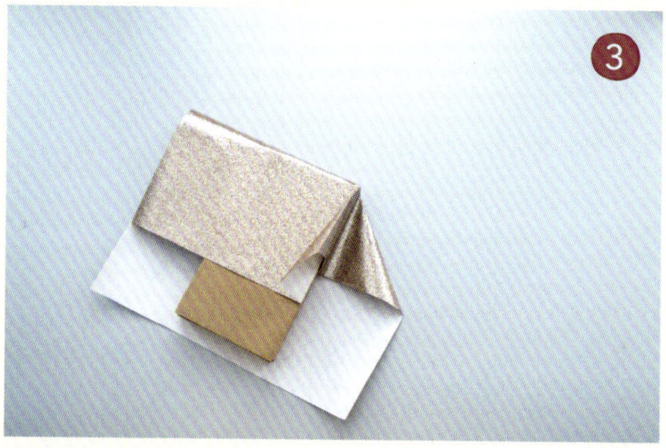

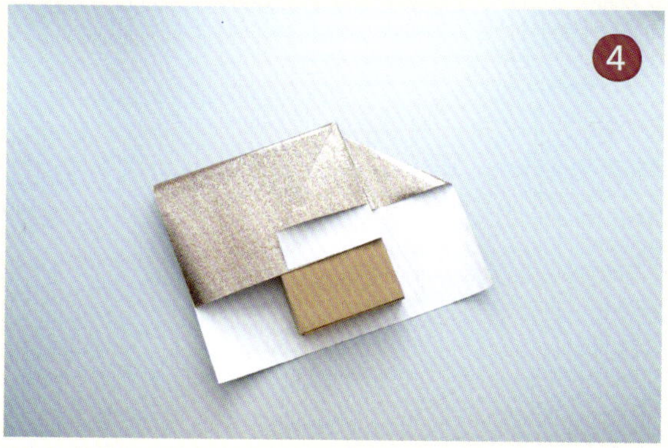

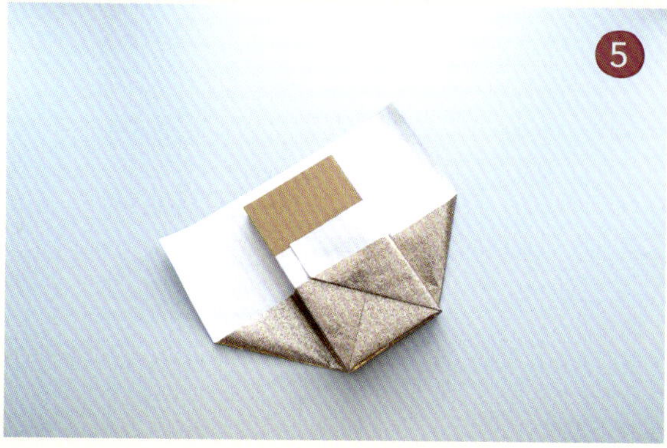

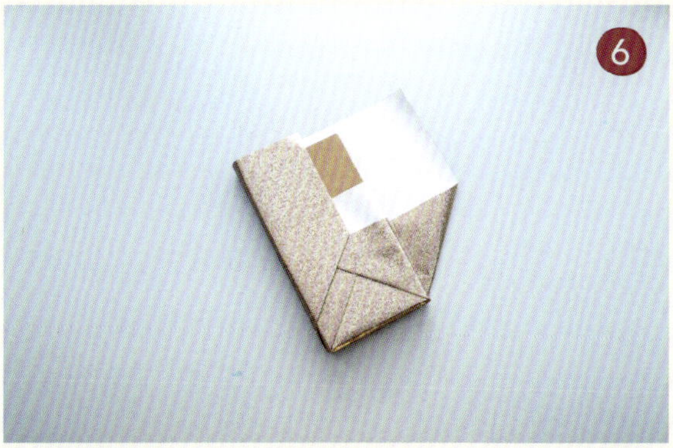
6

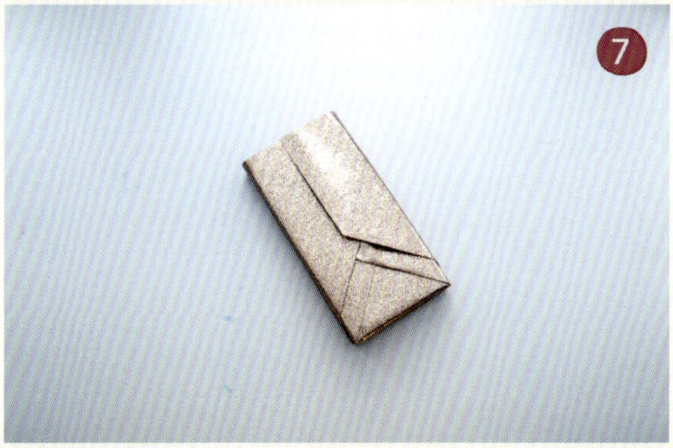
7

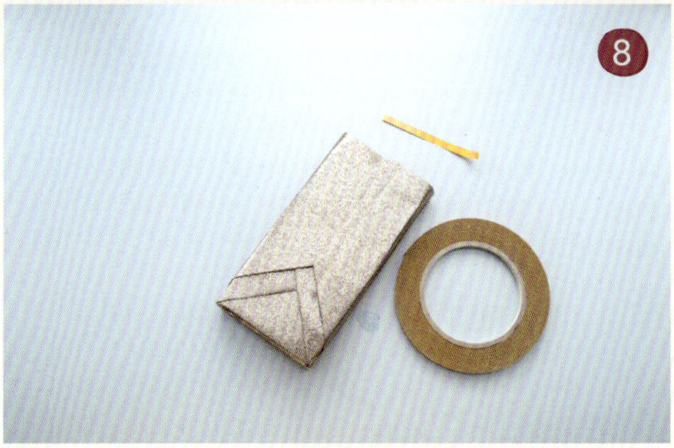
8

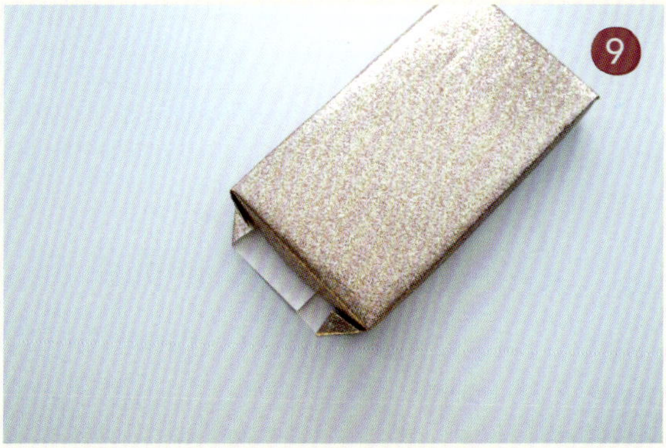
9

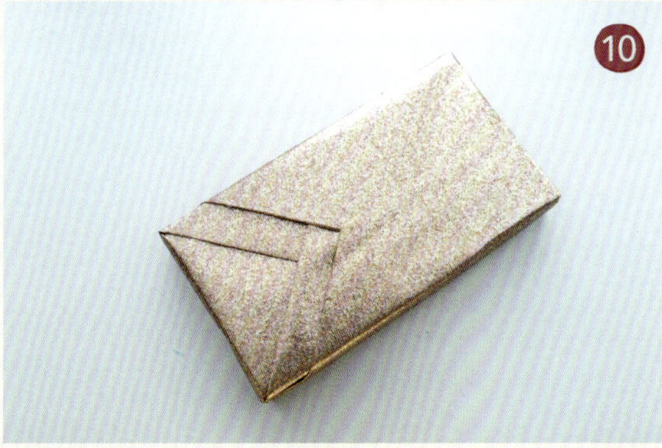
10

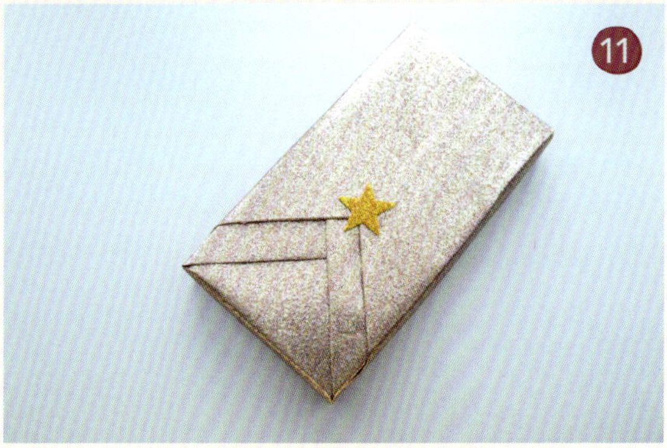
11

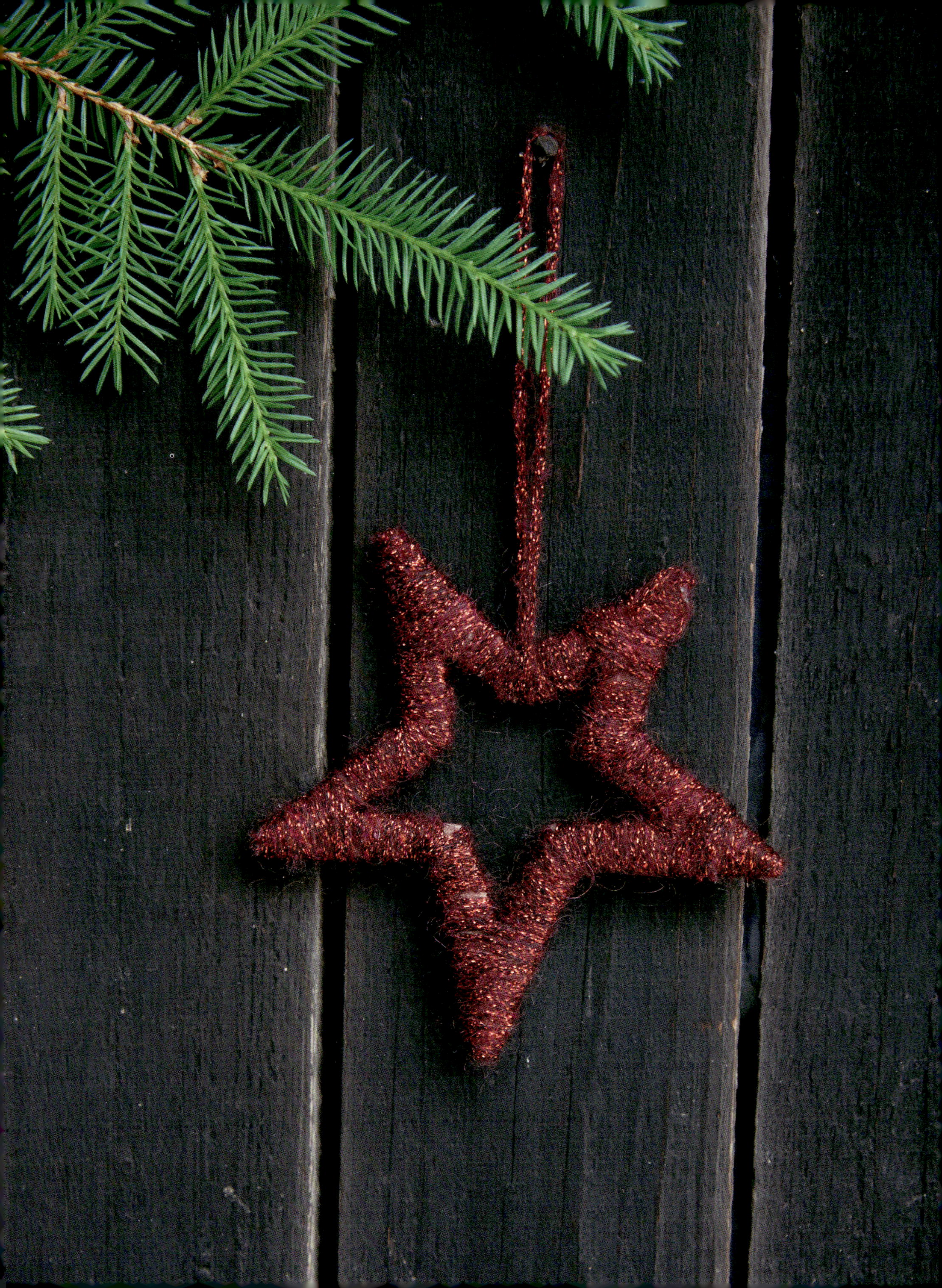

22

WOLLSTERN

Material

- Karton
- Vorlage (siehe Seite 89)
- Klebestift
- Reste von Lurex-Wolle (dick) ca. 4 m
- Cutter
- Schere

So wird's gemacht

Die Vorlage auf den Karton übertragen und ausschneiden 1.

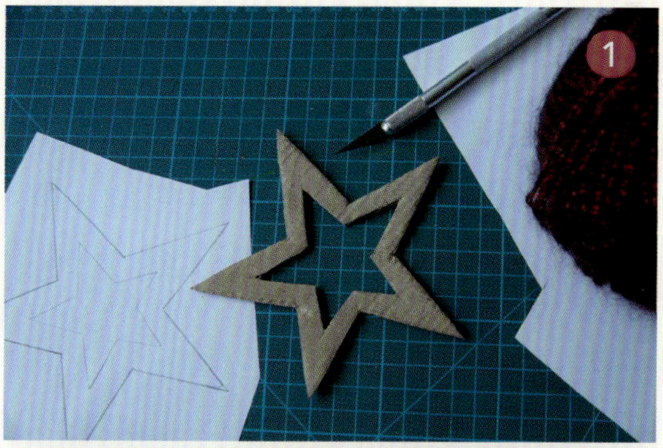

Wolle teilen und in ein nicht zu langes, kleines Knäuel abwickeln, um es leichter durch die Mitte führen zu können. Kartonstern vorne, hinten und an den Kanten abschnittweise mit Klebstoff bestreichen. Den Wollansatz über ca. 1 cm auf der Vorderseite ankleben und danach mit der Wolle straff umwickeln, um ihn zu fixieren. Die Wolle soll eng und straff aneinander liegen, dass nichts mehr vom Karton zu sehen ist 2.

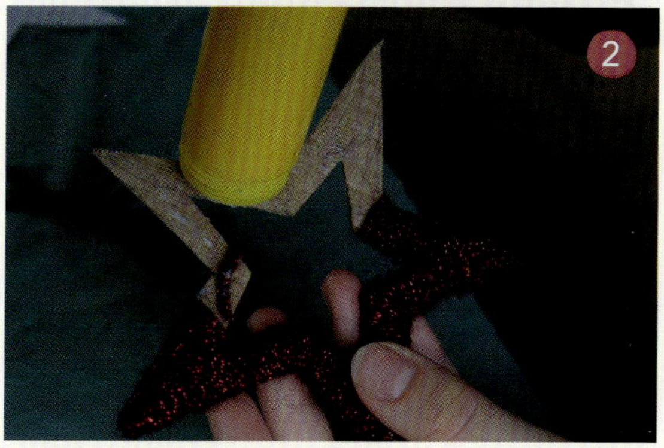

Die Ecken wie auf den Bildern verarbeiten: erst die Spitzen zwei oder drei Mal längs umwickeln, dann zurück und von oben nach unten rundherum wickeln und gegebenenfalls nochmals mit Kleber fixieren. Die Kanten eventuell mehrfach umwickeln, um den Karton zu verstecken ❸ ❹.

So bei allen Spitzen verfahren, falls der Kleber zu trocken wird, neu aufstreichen ❺.

Das letzte Stück als Aufhänger mit Kleber fixieren und als Schlaufe binden.

Tipp: Auch zwei verschiedenfarbige Garne sehen zauberhaft aus.

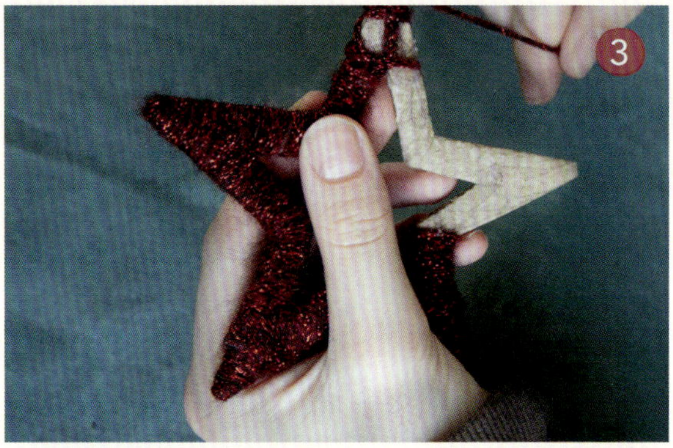

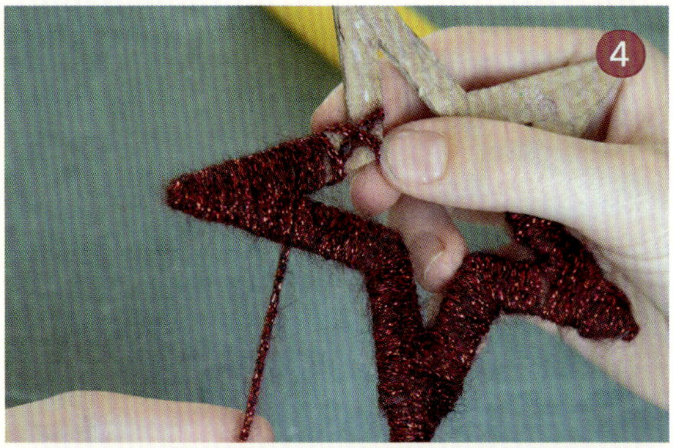

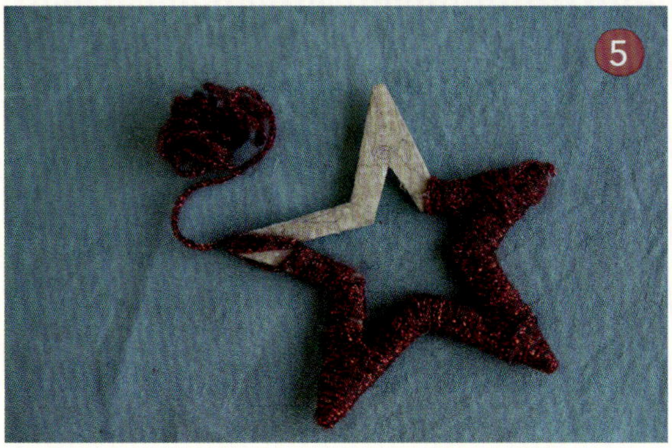

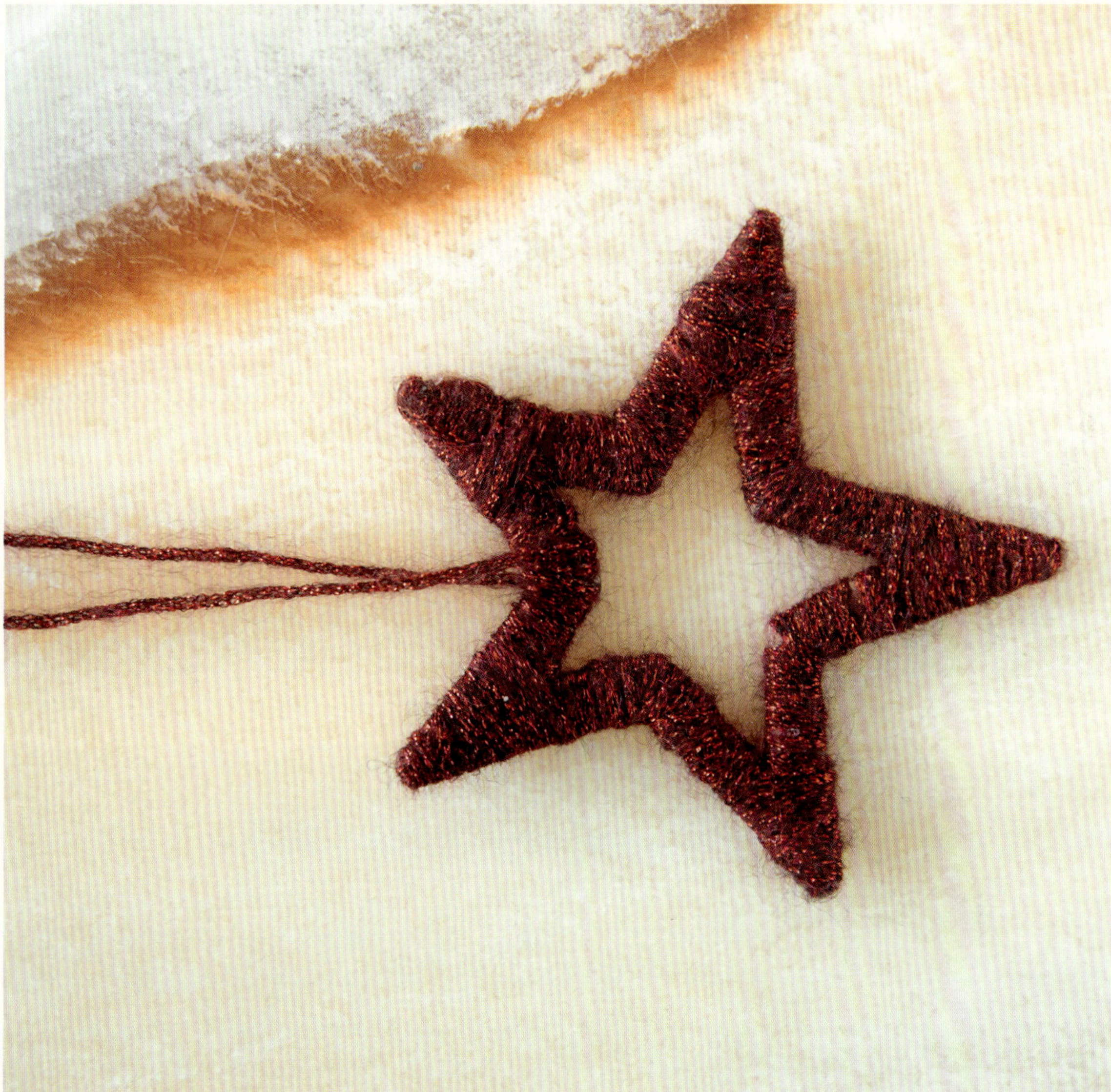

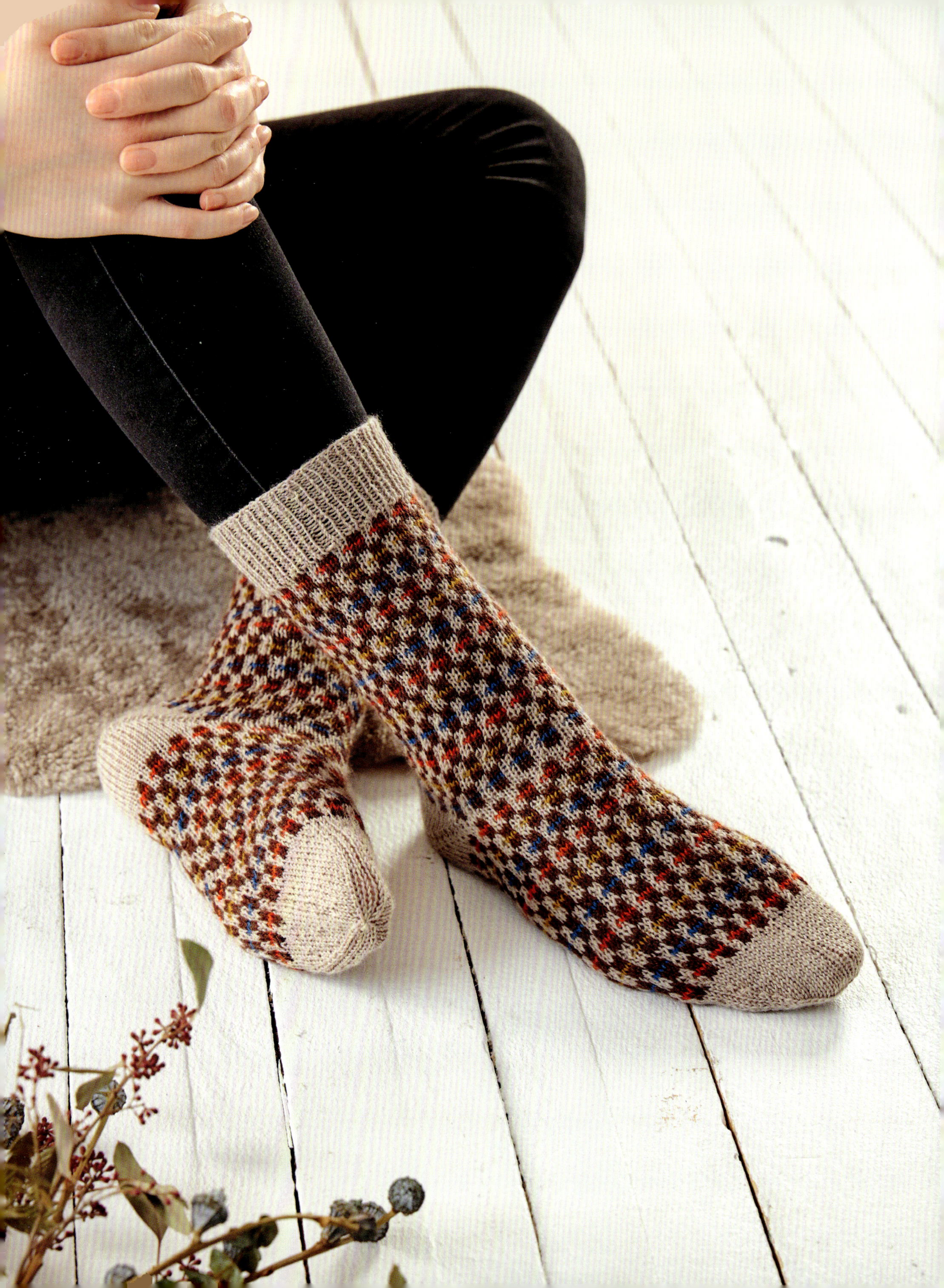

23

SOCKEN MIT UNTERBROCHENEN RECHTECKEN

Größe: 40/41 und 42/43 (jedoch alle Größen möglich)

Material

- Lang Yarns „Jawoll" (75 % Schurwolle, 25 % Polyamid, Lauflänge 210 m/50 g): 100 g Sand (Farbe 83.0022) und je 50 g Mokka (Farbe 83.0168), Jeans (Farbe 83.0032), Rot (Farbe 83.0275) und Senf (Farbe 83.0150)
- Nadelspiel Nr. 2,5–3

Muster

Rippenmuster: 1 Masche rechts, 1 Masche links im Wechsel stricken.

Glatt rechts: Hinreihen rechts und Rückreihen links stricken; in Runden immer rechts stricken.

Jacquardmuster: Maschenzahl teilbar durch 4. Nach dem Zählmuster glatt rechts stricken. Es ist jede Runde gezeichnet. Den Mustersatz (MS) stets wiederholen. Die 1.–30. Runde stets wiederholen.

Maschenprobe

In glatt rechts sind 30 Maschen und 42 Reihen = 10 x 10 cm

So wird's gemacht

64 Maschen in Sand anschlagen, die Maschen gleichmäßig auf die 4 Nadeln verteilen – 16 Maschen pro Nadel. Für den Bund 5 cm im Rippenmuster stricken, dabei in der letzten Runde gleichmäßig verteilt 4 Maschen zunehmen = 68 Maschen. Dann im Jacquardmuster stricken.

Nach 60 Runden ab Bund die Jojo Ferse über die Maschen der 4. und 1. Nadel in Sand stricken, dabei über den 34 Fersenmaschen gleichmäßig verteilt 2 Maschen abnehmen = 532 Fersenmaschen. Die Ferse wird in Reihen glatt rechts über die Maschen der 4. und 1. Nadel gearbeitet. Die Fersenmaschen in drei Teile (= 10-12-10 Maschen je Teil) aufteilen. Dann werden verkürzte Reihen mit doppelten Maschen von außen nach innen gestrickt. **1. R (= Hinreihe):** Alle Maschen der 4. und 1. Nadel rechts stricken, wenden. **2. R (= Rückreihe):** Mit einer doppelten Masche beginnen. Hierfür den Faden vor die Arbeit legen, von rechts nach links in die 1. Masche einstechen, Masche und Faden zusammen abheben und den Faden fest nach hinten ziehen. Die Masche wird dabei über die Nadel gezogen und liegt nun doppelt. Wird der Faden nicht fest genug angezogen, entstehen später Löcher. Die übrigen Maschen wie gewohnt links stricken, einschließlich der letzten Masche der 4. Nadel, wenden. **3. R (= Hinreihe):** Eine doppelte Masche arbeiten. Dann alle Maschen rechts stricken, die doppelte Masche am Ende der Reihe der 1. Nadel bleibt ungestrickt, wenden. **4. R (= Rückreihe):** Eine doppelte Masche arbeiten. Dann alle Maschen links stricken, die doppelte Masche am Ende der Reihe der 4. Nadel bleibt ungestrickt, wenden. Die 3. und 4. Reihe wiederholen, bis an jeder Seite 10 doppelte und in der Mitte 12 einfache Maschen liegen. Die letzte Reihe ist eine Hinreihe und gleichzeitig der Beginn von zwei Runden, die über alle Maschen glatt rechts in Sand gestrickt werden. Dabei in der 1. Runde bei den doppelten Maschen beide Maschenteile gleichzeitig erfassen und rechts zusammen stricken. Nach diesen zwei Runden werden wieder verkürzte Reihen mit doppelten Maschen gestrickt, jedoch diesmal von innen nach außen. **1. R (= Hinreihe):** Die Fersenmaschen der ersten beiden Drittel (22 Maschen) rechts stricken, wenden. **2. R (= Rückreihe):** Eine doppelte Masche arbeiten. Bis einschließlich der letzten Masche des mittleren Drittels links stricken, wenden. **3. R (= Hinreihe):** Eine doppelte Masche arbeiten. Bis zur doppelten Masche der Vorreihe rechts stricken, diese wie beschrieben rechts zusammen stricken, die folgende Masche rechts stricken, wenden. **4. R (= Rückreihe):** Eine doppelte Masche arbeiten. Bis zur doppelten Masche der Vorreihe links stricken, diese wie beschrieben links zusammen stricken, die folgende Masche links stricken, wenden. Die 3. und 4. Reihe wiederholen, bis an jeder Seite 10 doppelte Maschen gestrickt wurden. Die letzte Reihe ist eine Hinreihe und gleichzeitig der Beginn der 1. Runde des Fußteils.

Danach den Fuß im Jacquardmuster fortsetzen, dabei in der 1. Runde über den Fersenmaschen gleichmäßig verteilt wieder 2 Maschen zunehmen = 68 Maschen.

Die Bandspitze glatt rechts nach der entsprechenden Fußlänge = 21 (22) cm in Sand stricken, dabei in der 1. Runde gleichmäßig verteilt 4 Maschen abnehmen = 64 Maschen. Für die Abnahmen jeweils die zweit- und drittletzte Masche der 1. und 3. Nadel rechts zusammenstricken und die zweite und dritte Masche der 2. und 4. Nadel rechts überzogen zusammenstricken (= 1 M rechts abheben, 1 Masche rechts stricken und die abgehobene Masche darüberziehen). Diese Abnahmen 1 x in der 4. Runde, 2 x in jeder 3. Runde, 3 x in jeder 2. Runde und 7 x in jeder Runde wiederholen. Die restlichen Maschen mit dem Faden zusammenziehen.

Zählmuster

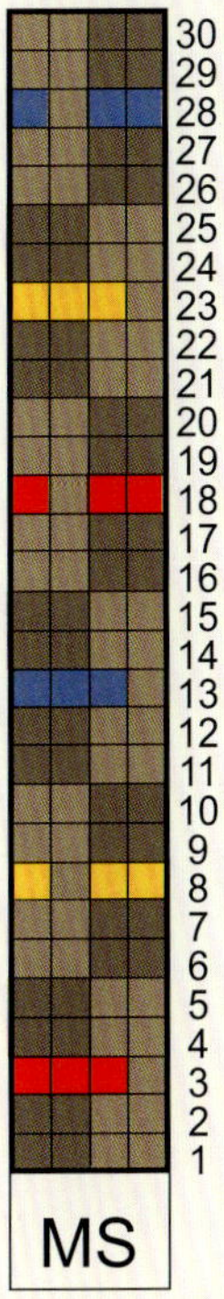

Zeichenerklärung

= Sand

= Mokka

= Rot

= Senf

= Jeans

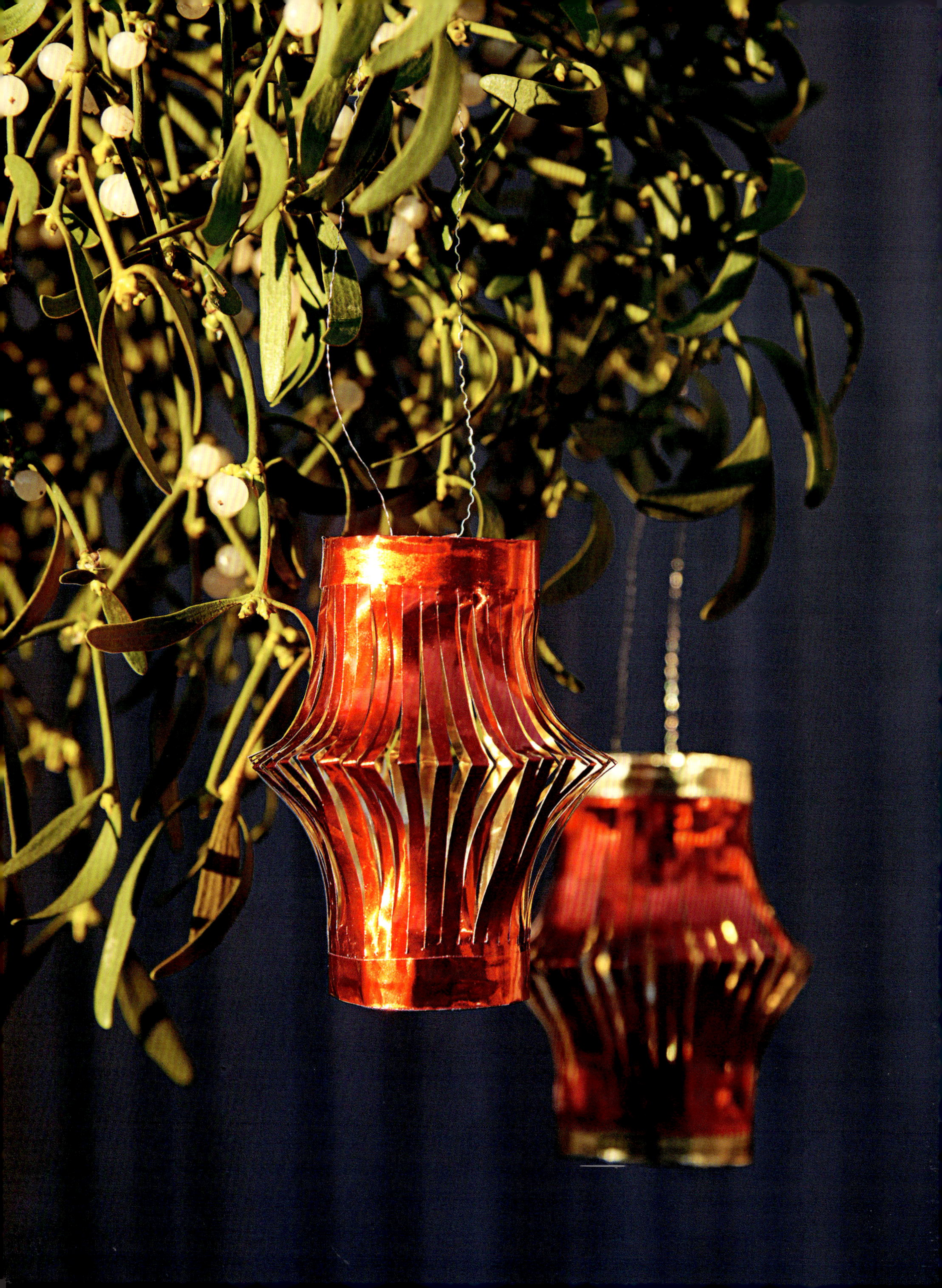

24

LAMPION-ANHÄNGER

Material

- Goldpapier
- Kartonreste
- Klebeband
- Klebestift
- Feine Schere
- Lineal oder Geodreieck
- Draht oder Goldfaden zum Aufhängen

So wird's gemacht

Aus Goldpapier ein Rechteck in der Größe 10 x 16 cm zuschneiden und längs falten ❶.

Im Abstand von 3 mm vorsichtig mit einem spitzen Bleistift Hilfslinien ziehen und das Papier dann wie einen Kamm bis 1 cm vor der Kante einschneiden ❷.

Den Papierbogen vorsichtig glattstreifen und auffalten ❸.

Zwei Kartonstreifen in der Größe von 0,7 x 17 cm zurechtschneiden und längs über die Tischkante ziehen, um sie leicht abzurunden.

Die Kartonstreifen als Ring legen und mit Klebeband fixieren. Das eingeschnittene Goldpapier darumlegen und mit Klebstoff festkleben ❹.

Zwei Goldpapierstreifen mit der Größe von 2 x 17 cm zurechtschneiden, über den Karton legen und mit Kleber fixieren ❺.

Den Draht oder das Band mit Kleber am oberen Kartonrand anbringen ❻.

Tipps

Das Glattstreifen des Papiers gelingt am besten mit einem Lineal.

Mit der gleichen Technik kann man auch Lampions in anderen Größen herstellen, dazu einfach die Papiergröße anpassen.

Andere steife Papiere eignen sich ebenfalls, um diese Lampions zu produzieren. Große Exemplare kann man auch gut beim Sommerfest im Garten aufhängen.

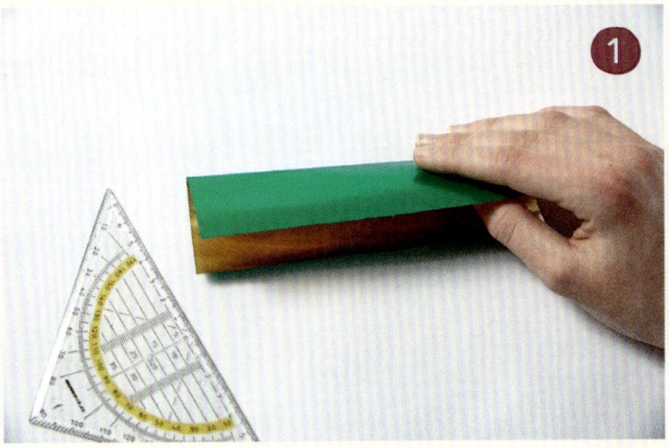
1

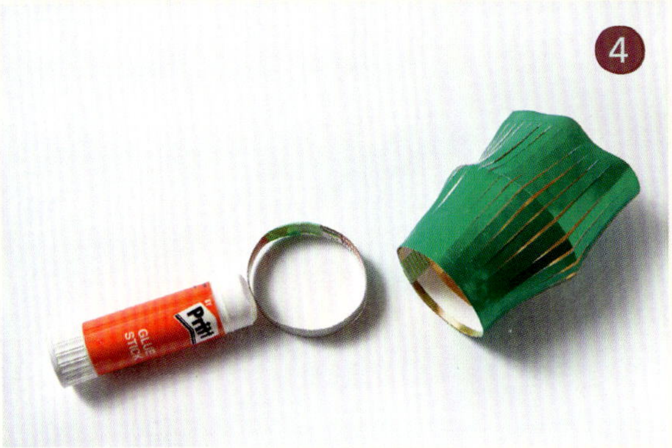
4
Pritt
GLUE STICK

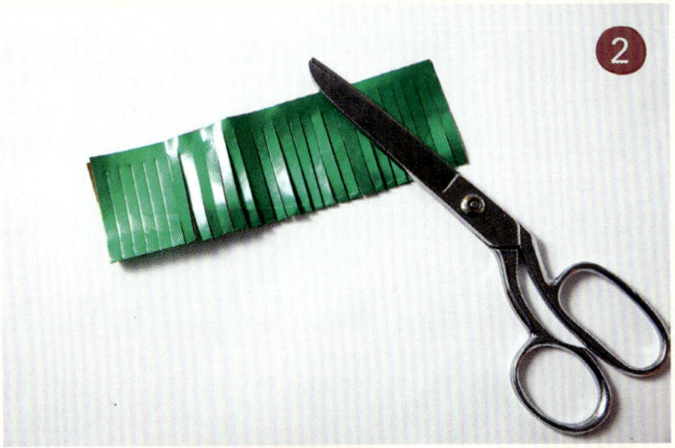
2

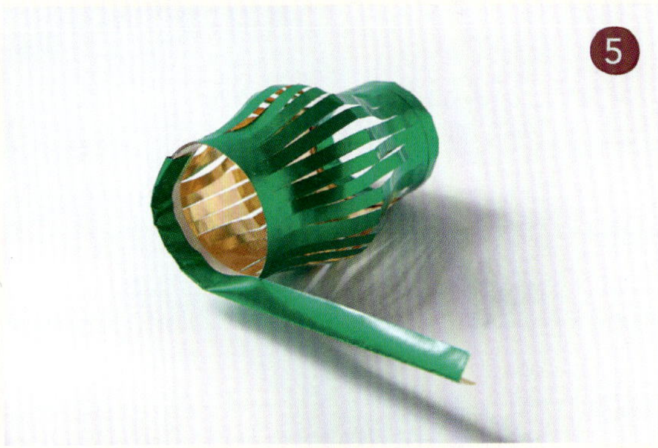
5

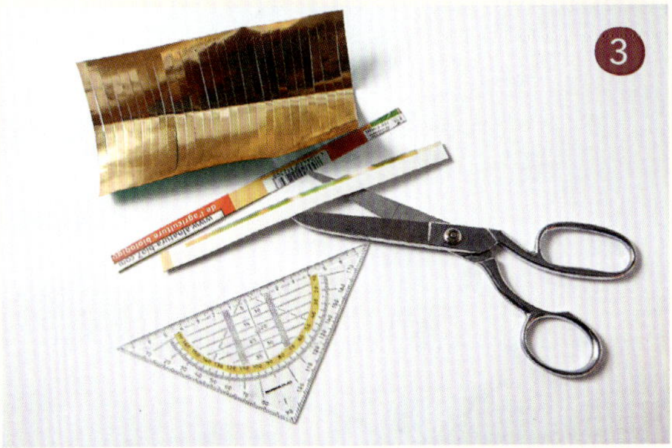
3

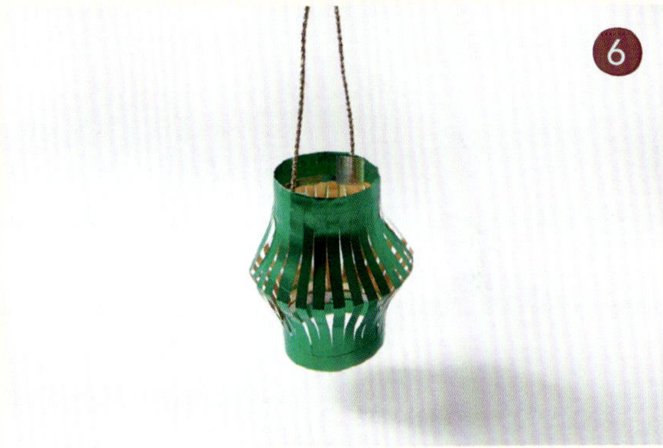
6

VORLAGEN

STOFFTANNEN

Seite 19

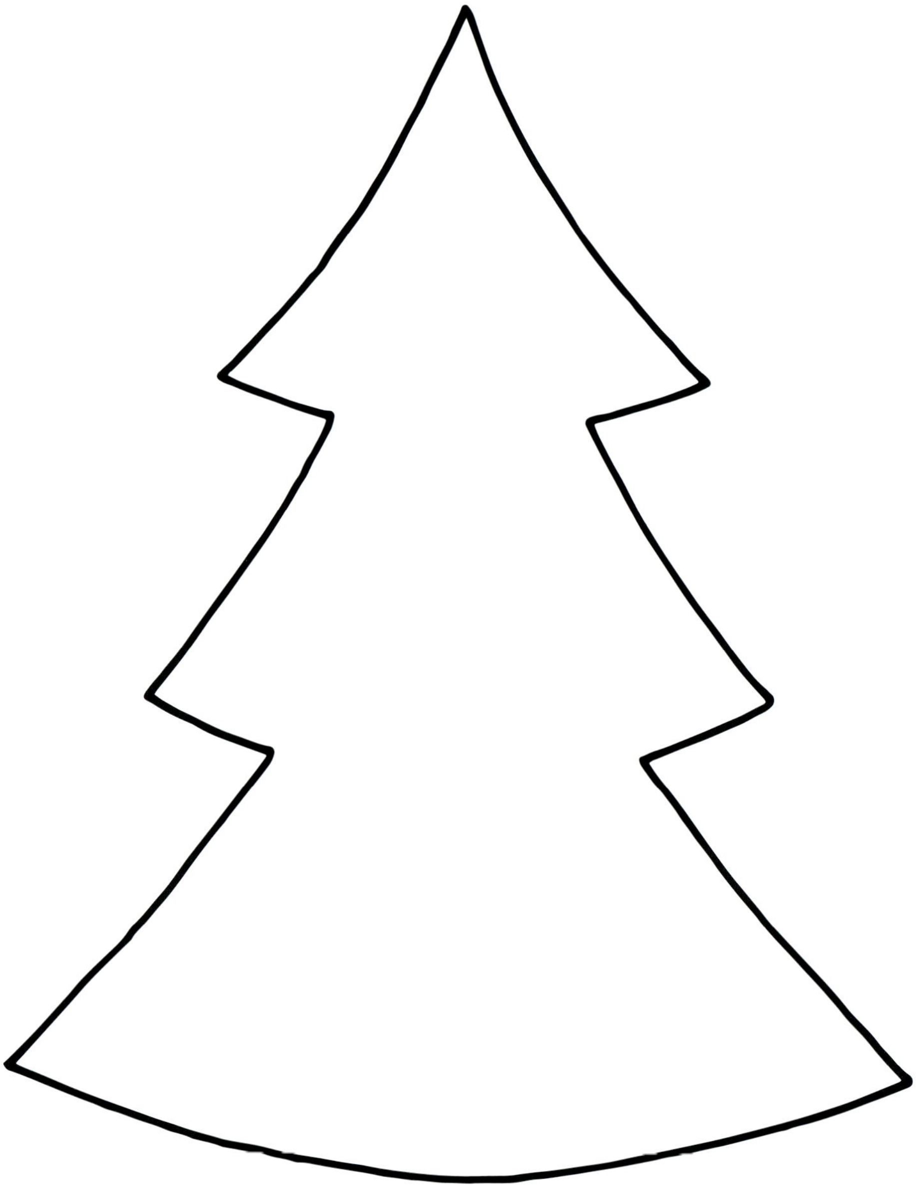

WÜRZIGER CHAI

Seite 13

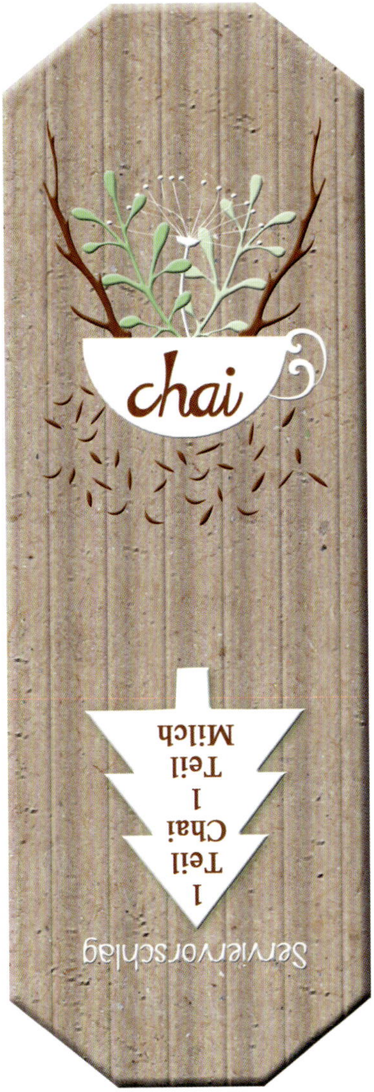

BLUMENSTECKER MIT BIRKENRINDE

Seite 33

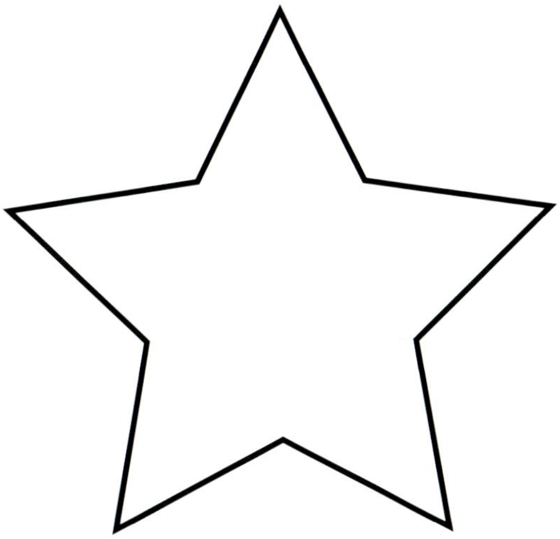

ZAUBERTÜTENSTERN

Seite 55

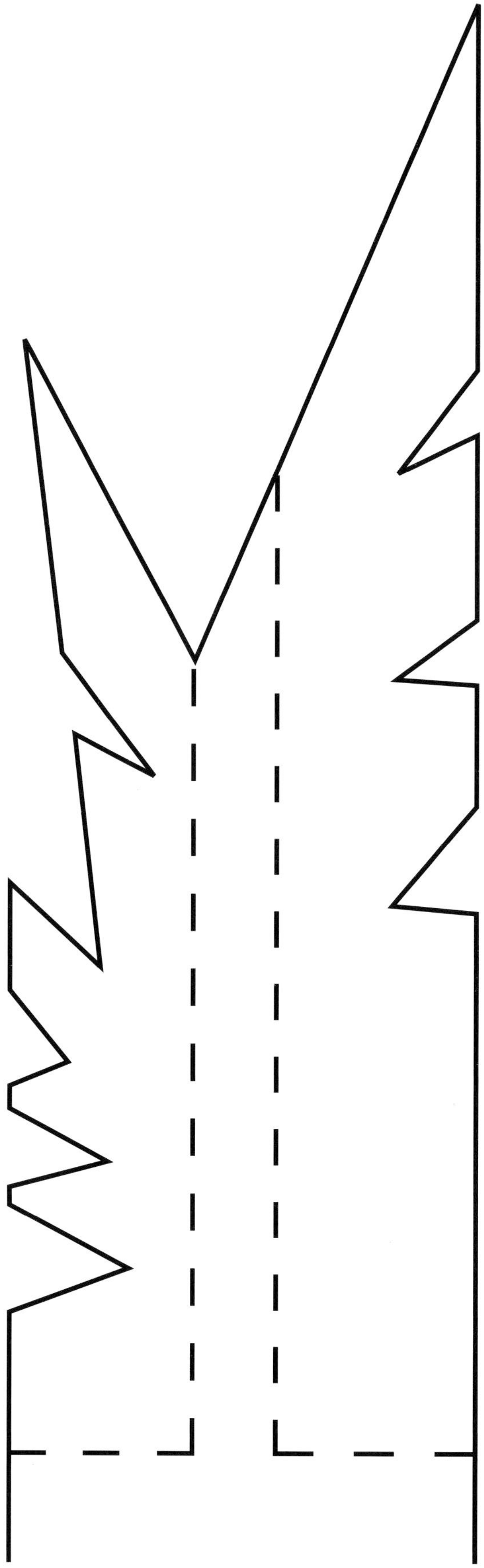

WOLLSTERN

Seite 75

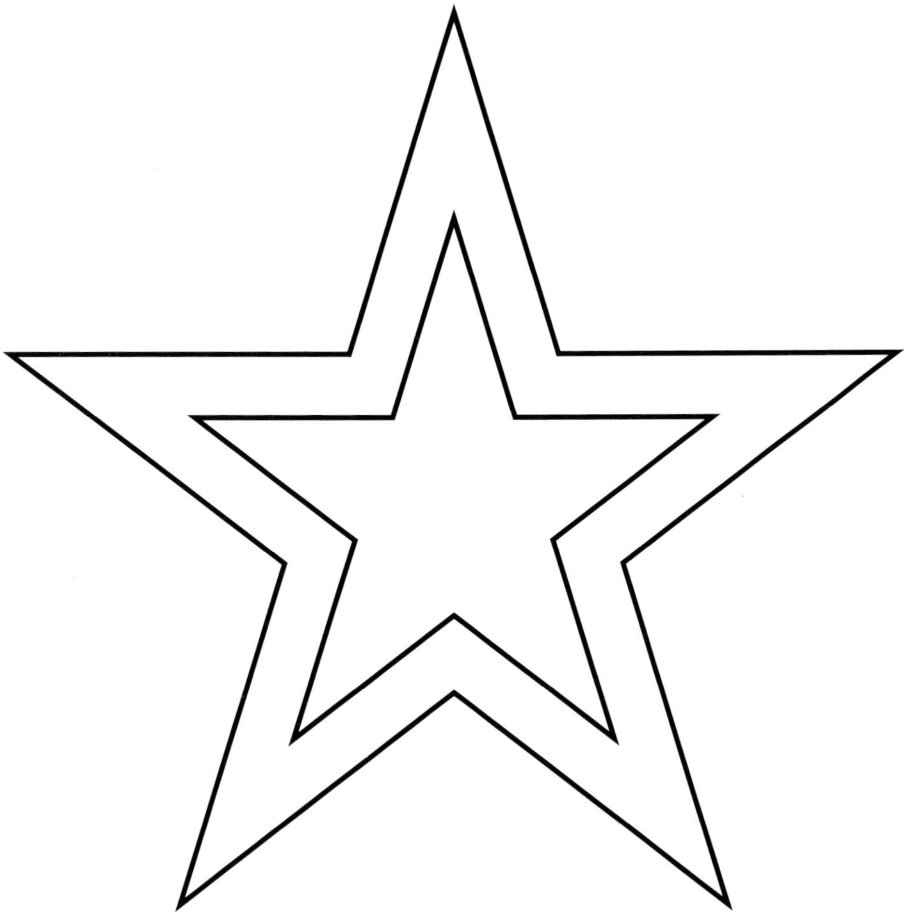

AUTORINNEN

Maria Böhly: S. 8-11, S. 46-49
Corinna Teresa Brix: S. 42-45, S. 54-57, S. 74-77, S. 82-85
Marion Dawidowski: S. 18-21
Annette Diepolder: S. 68-69
Kasia Hanack: S. 12-13
Veronika Hug: S. 14-17
Ines Kollwitz: S. 64-67
Andel Konrad: S. 24-27
Deborah Krähenbühl: S. 58-61
Sandra Losch: S. 28-35
Ina Mielkau: S. 22-23, S. 38-39, S. 50-53, S. 62-63, S. 70-73
Sabine Schappacher: S. 36-37
Babette Ulmer: S. 8-11, S. 46-49, S. 78-81

BILDNACHWEIS

Autorinnen: Ina Mielkau (S. 22-23, S. 38-39, S. 50-53, S. 62-63, S. 70-73), Andel Konrad (S. 24-27), Corinna Teresa Brix (S. 42-45, S. 54-57, S. 74-77, S. 82-85), Sandra Losch (S. 28-35), Deborah Krähenbühl (S. 58-61), Sabine Schappacher (S. 36-37), Kasia Hanack (S. 12-13), Annette Diepolder (S. 68-69), Babette Ulmer (S. 8-11, S. 46-49, S. 78-81), Marion Dawidowski (S. 18-21), Maria Böhly (S. 8-11, S. 46-49), Ines Kollwitz (S. 64-67), Veronika Hug (S. 14-17)

Shutterstock: Aufmacher-Illustrationen mrartngm, S. 9, S. 25, S. 26, S. 29, S. 44, S. 63, S. 83 Dariia Baranova, S. 43 Kudryashka, S. 59 Inkant

Freepik.com: S. 15, S. 48, S. 55

Ebenfalls erhältlich ...

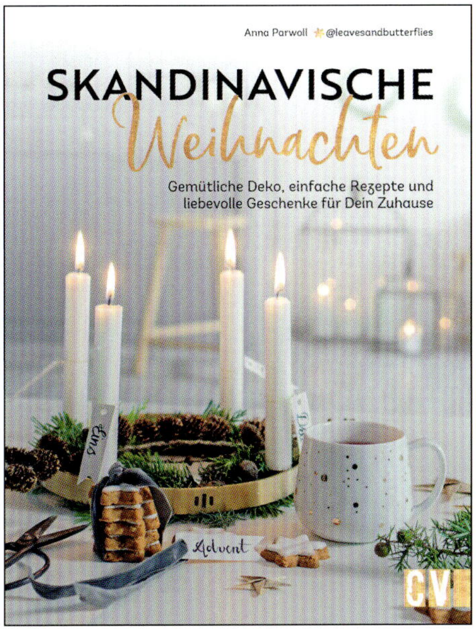

ISBN 978-3-8388-3798-7

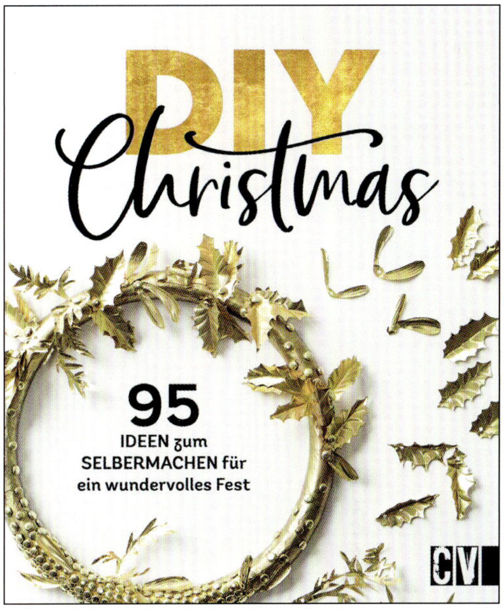

ISBN 978-3-8388-3792-5

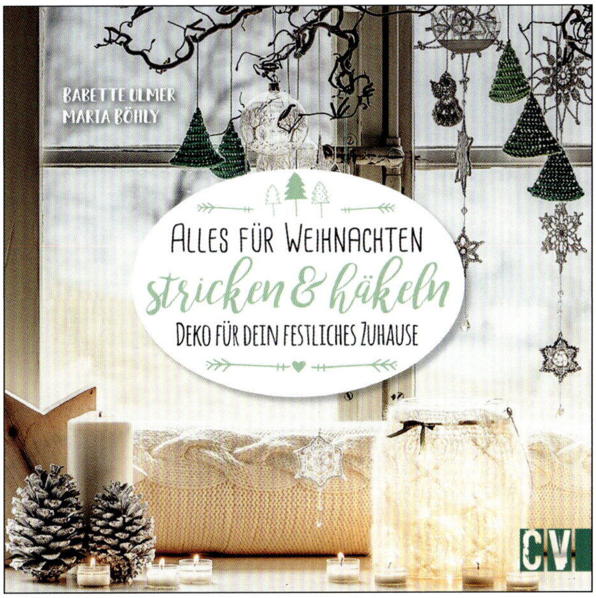

ISBN 978-3-8410-6572-8

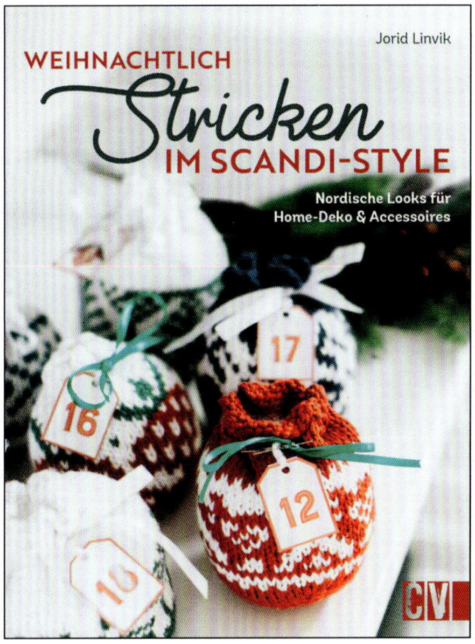

ISBN 978-3-8410-6718-0

IMPRESSUM

Produktmanagement: Lena Denu
Lektorat: Anna Maier
Korrektorat: Anne Tempcke
Layout: Silke Schüler
Umschlaggestaltung: Andreas Kersten
Repro: LUDWIG:media
Herstellung: Kathleen Baumann
Printed in Turkey by Elma Basim

★★★★★

Sind Sie mit diesem Titel zufrieden? Dann würden wir uns über Ihre Weiterempfehlung freuen. Erzählen Sie es im Freundeskreis, berichten Sie Ihrem Buchhändler oder bewerten Sie bei Onlinekauf. Und wenn Sie Kritik, Korrekturen, Aktualisierungen haben, freuen wir uns über Ihre Nachricht an: Christophorus Verlag, Postfach 40 02 09, D-80702 München oder per E-Mail an lektorat@verlagshaus.de

Die Deutsche Nationalbibliothek verzeichnet diese Publikation in der Deutschen Nationalbibliografie; detaillierte bibliografische Daten sind im Internet über www.dnb.de abrufbar.

Infanteriestraße 11a
80797 München

ISBN 978-3-8388-3852-6

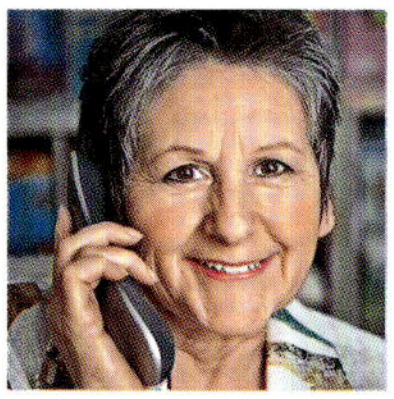

Kreativ-Service

Sie haben Fragen zu den Büchern und Materialien? Frau Erika Noll ist für Sie da und berät Sie rund um alle Kreativthemen. Rufen Sie an! Wir interessieren uns auch für Ihre eigenen Ideen und Anregungen. Sie erreichen Frau Noll per E-Mail: **kreativ-service@c-verlag.de** oder Tel.: **+49 (89) - 1306 99 - 577**.

Besuchen Sie uns im Internet: **www.christophorus-verlag.de** und **www.selbstgemacht.de**